Grandes problemas sociais, ambientais e éticos nas diversas expressões religiosas

EDITORA intersaberes

O selo DIALÓGICA da Editora InterSaberes faz referência às publicações que privilegiam uma linguagem na qual o autor dialoga com o leitor por meio de recursos textuais e visuais, o que torna o conteúdo muito mais dinâmico. São livros que criam um ambiente de interação com o leitor – seu universo cultural, social e de elaboração de conhecimentos –, possibilitando um real processo de interlocução para que a comunicação se efetive.

Grandes problemas sociais, ambientais e éticos nas diversas expressões religiosas

Luciano Azambuja Betim

EDITORA intersaberes

Rua Clara Vendramin, 58 | Mossunguê | CEP 81200-170 | Curitiba | PR | Brasil
Fone: (41) 2106-4170 | www.intersaberes.com | editora@editoraintersaberes.com.br

Conselho editorial Dr. Ivo José Both (presidente) | Drª Elena Godoy | Dr. Neri dos Santos | Dr. Ulf Gregor Baranow ‖ *Editora-chefe* Lindsay Azambuja ‖ *Gerente editorial* Ariadne Nunes Wenger ‖ *Preparação de originais* Palavra Arteira ‖ *Edição de texto* Gustavo Piratello de Castro ‖ *Capa e projeto gráfico* Sílvio Gabriel Spannenberg *(design)* | robert_s e Kindlena/Shutterstock (imagens) ‖ *Diagramação* Regiane Rosa ‖ *Equipe de design* Charles L. da Silva | Iná Trigo ‖ *Iconografia* Celia Kikue Suzuki | Regina Claudia Cruz Prestes

Dados Internacionais de Catalogação na Publicação (CIP)
(Câmara Brasileira do Livro, SP, Brasil)

Betim, Luciano Azambuja
  Grandes problemas sociais, ambientais e éticos nas diversas expressões religiosas/ Luciano Azambuja Betim. Curitiba: InterSaberes, 2020.
(Série Panorama das Ciências da Religião)

  Bibliografia.
  ISBN 978-65-5517-028-3

  1. Diálogo – Aspectos religiosos 2. Meio ambiente – Aspectos religiosos 3. Pluralismo religioso 4. Religião e ética 5. Religiões 6. Religiosidade I. Título. II. Série.

20-34087   CDD-200.15

Índices para catálogo sistemático:
1. Ciências da religião   200.15

Cibele Maria Dias – Bibliotecária – CRB-8/9427

1ª edição, 2020.
Foi feito o depósito legal.
Informamos que é de inteira responsabilidade do autor a emissão de conceitos.
Nenhuma parte desta publicação poderá ser reproduzida por qualquer meio ou forma sem a prévia autorização da Editora InterSaberes.
A violação dos direitos autorais é crime estabelecido na Lei n. 9.610/1998 e punido pelo art. 184 do Código Penal.

SUMÁRIO

7 | Apresentação
9 | Como aproveitar ao máximo este livro

12 | **1 Religião e religiosidade no mundo contemporâneo**
12 | 1.1 O que é religião?
16 | 1.2 Fé, razão e a grande busca do ser humano
19 | 1.3 Religião: aspectos legais
25 | 1.4 Temas comuns e diálogo

34 | **2 Ritos e costumes religiosos na atualidade**
35 | 2.1 As religiões e seus textos fundantes
43 | 2.2 Deus em questão
48 | 2.3 Conceito de salvação nas principais religiões
52 | 2.4 Observâncias religiosas e festividades

62 | **3 Religião e questões éticas**
63 | 3.1 Fim da linha: o suicídio
67 | 3.2 Quando a morte é desejada: a eutanásia
71 | 3.3 Interrupção da vida: o aborto

78 | **4 Religião e questões sociais**
78 | 4.1 Liberdade e tolerância religiosa
83 | 4.2 Religiões, violência e guerras
91 | 4.3 Religião e meio ambiente

100 | **5 Religião e questões comportamentais**
100 | 5.1 Religiões, família e casamento
106 | 5.2 A mulher nas religiões
113 | 5.3 Relacionamentos homoafetivos

120 | **6 Religião e questões biomédicas**
122 | 6.1 Doação e transplante de órgãos
127 | 6.2 Inseminação artificial
131 | 6.3 Clonagem humana

140 | Considerações finais
143 | Referências
153 | Bibliografia comentada
155 | Respostas
157 | Sobre o autor

APRESENTAÇÃO

O mundo mudou. Basta olharmos ao redor e essa percepção se torna bastante visível. As mudanças ocorreram nos campos social, político, tecnológico e religioso. Hoje vivemos o chamado *trânsito religioso*. Se até meados do século XX as expressões religiosas em território brasileiro estiveram restritas ao cristianismo católico, essa realidade deu lugar a novas crenças e expressões de fé. Com a chegada de ondas imigrantes, o quadro mudou; com os alemães, veio o protestantismo; com os japoneses, chegou o budismo; com os sírios, os libaneses e outros grupos do Oriente Médio, o islamismo. Agora, temos as novas matrizes de fé na era digital: a fé praticada a distância e os cultos e as celebrações *on-line*.

Este livro se propõe a explorar as principais questões do mundo moderno em diálogo com as grandes religiões, algumas antigas, outras nem tanto. Em nosso dia a dia, lidamos e convivemos com questões como direitos da mulher, preservação ambiental, relacionamentos homoafetivos, aborto, eutanásia e tantos outros. E as religiões, o que têm a dizer sobre tudo isso? Em uma sociedade pós-moderna e já respirando ares de pós-verdades, ainda há espaço para discussões religiosas? Há espaço para crenças, costumes e ritos no século XXI? É certo que sim. Uma grande maioria da população mundial ainda pratica algum tipo de religião. Essa população religiosa convive em sociedade, enfrentando desafios políticos e problemas sociais.

Pretendemos dialogar com as grandes questões da atualidade, chamando as diversas matrizes religiosas para essa conversa amigável. Não se trata de um livro de teologia, e sim de ciências da religião. Normalmente, a teologia repousa sobre as ideias de revelação, fé e razão. Por sua vez, a ciência da religião lida com os fenômenos religiosos, os quais estão presentes nas crenças, nos costumes, nas festas religiosas e nas questões envolvendo os desafios da vida moderna. Assim, olharemos as principais matrizes religiosas, sem posicionamentos a favor ou contra qualquer uma delas. Não é esse nosso propósito.

No primeiro capítulo, apresentaremos alguns conceitos importantes sobre aspectos religiosos. Dialogaremos com questões como o que é religião, os aspectos legais envolvendo as religiões, os pontos em comum compartilhados por diversas religiões e a importância dos diálogos inter-religiosos e ecumênicos. No segundo capítulo, interagiremos com as fontes literárias religiosas, as festas, os costumes, a existência de Deus e a salvação.

Nos capítulos quatro, cinco e seis, abordaremos os principais temas do mundo contemporâneo na perspectiva das diversas matrizes e expressões religiosas, analisando os grandes assuntos sociais da atualidade. Dialogaremos com problemas como a liberdade e a tolerância religiosa, a violência, a guerra, o casamento, a família, o meio ambiente e o papel da mulher. Também veremos as questões envolvendo aspectos relacionados à ética e à moral, como suicídio, eutanásia, relacionamentos homoafetivos e aborto. Tudo isso em perspectiva do pensamento oficial das principais religiões da atualidade.

Boa leitura.

COMO APROVEITAR AO MÁXIMO ESTE LIVRO

Empregamos nesta obra recursos que visam enriquecer seu aprendizado, facilitar a compreensão dos conteúdos e tornar a leitura mais dinâmica. Conheça a seguir cada uma dessas ferramentas e saiba como elas estão distribuídas no decorrer deste livro para bem aproveitá-las.

Introdução do capítulo
Logo na abertura do capítulo, informamos os temas de estudo e os objetivos de aprendizagem que serão nele abrangidos, fazendo considerações preliminares sobre as temáticas em foco.

Importante!
Algumas das informações centrais para a compreensão da obra aparecem nesta seção. Aproveite para refletir sobre os conteúdos apresentados.

Preste atenção!
Apresentamos informações complementares a respeito do assunto que está sendo tratado.

Indicações culturais
Para ampliar seu repertório, indicamos conteúdos de diferentes naturezas que ensejam a reflexão sobre os assuntos estudados e contribuem para seu processo de aprendizagem.

Síntese
Ao final de cada capítulo, relacionamos as principais informações nele abordadas a fim de que você avalie as conclusões a que chegou, confirmando-as ou redefinindo-as.

Atividades de autoavaliação
Apresentamos estas questões objetivas para que você verifique o grau de assimilação dos conceitos examinados, motivando-se a progredir em seus estudos.

Atividades de aprendizagem
Aqui apresentamos questões que aproximam conhecimentos teóricos e práticos a fim de que você analise criticamente determinado assunto.

Bibliografia comentada
Nesta seção, comentamos algumas obras de referência para o estudo dos temas examinados ao longo do livro.

RELIGIÃO E RELIGIOSIDADE NO MUNDO CONTEMPORÂNEO

Neste capítulo, veremos algumas questões iniciais para compreender a temática da religião e da religiosidade humana: O que é religião e religiosidade? Quais são os pontos comuns das grandes religiões? Por que é importante dialogar?

Objetivamos, desse modo, entender o sentido do termo *religião* e quais são os aspectos comuns das diversas matrizes da religiosidade em um mundo de ideias plurais. Por se tratar da abordagem no campo da religiosidade humana, a leitura deste capítulo é imprescindível, servindo de base para um melhor entendimento dos próximos capítulos e seus respectivos temas.

1.1 O que é religião?

A espécie humana é religiosa e não é difícil que esse fato seja notado. Basta um rápido olhar na história e lá estão as mais variadas expressões de religiosidade. Na verdade, nem é preciso pesquisar a história para percebermos a presença da religião. É bem possível que aqueles que agora leem este livro sejam adeptos de algum tipo de crença espiritual. Talvez alguns tenham se envolvido com diversas experiências de fé na caminhada da vida. É provável que no ambiente familiar nem todos professem a mesma religião, não é mesmo? O fato é que não é incomum encontrar em uma mesma família pais que são católicos tendo os filhos professando a fé em igrejas evangélicas e quem sabe outros membros da família praticando o budismo, o hinduísmo ou outra religião filosófica.

> **IMPORTANTE!**
> Qual a diferença entre religião e religiosidade? **Religião** está mais próximo de um modelo organizado de crenças e dogmas. É algo estruturado em torno de rituais e práticas de cultos externos, sendo que algumas religiões dedicam locais exclusivos para esse fim. **Religiosidade**, por sua vez, refere-se às condições e às disposições interiores do indivíduo. Ela tem a ver com aquela força interior que move a pessoa em direção à fé. Poderíamos dizer que religião é algo externo, enquanto religiosidade é algo interno.

Antes de continuar, é importante analisar o conceito de religião sob o aspecto etimológico. Isso é bem simples e pode ser feito por meio dos diversos dicionários de língua portuguesa, mais especificamente aqueles de etimologia. Por exemplo, o *Dicionário Aurélio de língua portuguesa* define *religião* como uma crença em algum ser ou força sobrenatural; como uma forma externa de manifestação doutrinal com seus códigos éticos; e como fé no contexto de determinada religião (Ferreira, 2010). O que podemos observar é que há uma variedade de sentidos e apontamentos para o termo *religião*. Envolve o indivíduo e as crenças particulares dele e também um grupo pessoas reunidas em torno de uma prática de fé.

Mas, afinal de contas, o que é religião? Como ela pode ser entendida? *Religião* vem do termo latino *religare*, apontando para o ato de religar ou atar (Champlin, 2013). Esse pensamento é expandido pelo estudioso das religiões Pedro Santidrián (1996), na obra *Dicionário básico das religiões*, na qual o autor observa que o termo *religião* tem origem em Roma, de onde o termo *religio* se impôs nas mais variadas línguas e onde surgiram também as ideias de *ligare* e *religare*. Nesse sentido, por meio das palavras *ligar* ou *religar* emerge o conceito de conectar algo que estava desconectado a alguém, a algo e a uma fonte de vida. Dependendo da religião, pode se tratar de uma divindade pessoa ou apenas uma força ou influência.

A humanidade, de modo geral, está organizada em sociedade, abrangendo uma diversidade de formas e sistemas. No estudo das religiões e das crenças, a observação sob o ponto de vista sociológico tem se mostrado importante para a compreensão de diversos aspectos religiosos. Assim, na visão da sociologia, essa pluralidade de expressões de fé tem tido uma considerável influência em uma região, em um país e até mesmo em nível global. Uma religião, sociologicamente falando, pode ser entendida como:

> um arranjo social construído para prover uma maneira compartilhada, coletiva, de lidar com aspectos desconhecidos e incognoscíveis da existência humana, com os mistérios da vida, morte e existência, e com os dolorosos dilemas que surgem no processo de tomar decisões de natureza moral. Como tal, a religião fornece não só respostas a duradouros problemas e perguntas humanos, mas forma também uma das bases da coesão e da solidariedade sociais. (Johnson, 1997, p. 196)

Conforme podemos observar, a religiosidade está inserida no viver coletivo humano. Embora cada pessoa seja diferente em sua formação ou em aspectos psicoemocionais, todos compartilham grandes dilemas, sendo rodeados por questionamentos: O que ocorre após a morte? Por que existe o mal no mundo? Se existe uma força maior, um "deus", por que os desastres da natureza não são evitados?

As religiões buscam respostas para essas perguntas envolvendo aspectos sociológicos, de modo que o ajuntamento de pessoas sob uma única bandeira de fé comum se torna uma religião organizada.

Muitas das expressões de fé não estão restritas a determinada região, pois algumas delas possuem influência e alcance global. O ser humano não está organizado apenas sociologicamente. Há um outro aspecto importante na existência humana envolvendo fatores psicológicos. Do ponto de vista da psicologia, as questões religiosas são analisadas empiricamente com base em comportamentos oriundos das experiências religiosas, envolvendo aspectos como fé e misticismo, bem como os impactos cognitivos na vida do religioso (Vandenbos, 2010). Esse elemento psicológico apresenta uma série de influências na religiosidade, seja na esfera pessoal, seja na esfera coletiva. Isso ocorre independentemente da forma como se entende a composição imaterial do ser humano, ou seja, se ele é composto de corpo e alma apenas ou de corpo, alma e espírito.

Há outro fator que deve ser considerado ainda dentro da questão da psicologia da religião. Alguns estudiosos dessa área costumam fazer certa distinção entre religião extrínseca, isto é, aquele aspecto religioso mais preocupado com coisas externas, como moral, e religião intrínseca, ou seja, quando ela é vista mais como um fim em si mesma (Vandenbos, 2010). Psicologicamente, religião e religiosidade envolvem a existência contínua da alma (psique) do ser, em conexão com as experiências que influenciam todos os aspectos da vida do indivíduo religioso.

Não podemos esquecer que o ser humano é um todo unificado. Quando falamos em *religião* e na relação dela com o ser humano, estão envolvidos três aspectos: 1) emoção; 2) intelecto; e 3) vontade. A religião muitas vezes apela para a **emoção**, seja por meio do discurso, seja por meio da oração e da música. O **intelecto** está relacionado com a aceitação dogmática intelectual de alguma crença. Envolve o pensar e o refletir, assimilando ou não determinadas doutrinas. A **vontade** é a entrega, o ato de professar, em termos práticos, determinada religião.

Teologia é uma ciência plural: há a cristã, a hindu, a espírita, a islâmica e muitas outras. Por questão de espaço, trataremos da religião na perspectiva da teologia cristã histórica. Embora o cristianismo seja uma religião histórica, dentro desse movimento religioso há uma diversidade de tradições e de opiniões teológicas.

Teologicamente, escreve Erickson (2011, p. 168), religião envolve "crenças e práticas relacionadas à convicção de que há algo ou alguém superior ao ser humano individual". Observe que essa definição retoma aquele pensamento dominante indicando uma espécie de separação entre a criatura e um ser superior. Daí surge o conceito de *religare*, isto é, "ligar, prender e religar".

Religião envolve crenças, fé e reverência diante de uma divindade. Conforme observa Youngblood (2004, p. 1223), religião é "crença e reverência a Deus ou algum poder sobrenatural como criador e soberano do universo; sistema doutrinário organizado, com padrão de comportamento aprovado e forma de culto característica". O ponto que se destaca nessa tradição cristã é a crença em um ser superior. Esse ser, na teologia judaico-cristã, tem sido denominado de *Deus* ou *Senhor*. Se esse Deus é conhecido em outras religiões por nomes diferentes é uma questão que fica em aberto[1].

1.2 Fé, razão e a grande busca do ser humano

O mundo moderno é líquido, escorregadio e estressante, impondo um ritmo alucinante ao ser humano. Será que ainda há espaço para a prática da fé em pleno século XXI? Grande parte das pessoas diria que sim. Outras, diriam que não. Independentemente da resposta, é fato que a prática da fé tem sido desenvolvida de forma bastante plural no mundo pós-moderno. Desde os tempos remotos,

---

1   Mais adiante esse tema será tratado novamente.

a humanidade busca respostas para as mais profundas indagações. E nessa busca emergem dois elementos: 1) a fé; e 2) a razão. Mas ambos caminham lado a lado? Para algumas religiões, somente a fé é suficiente. Contudo, esse mesmo princípio não se aplica na filosofia. Para o filósofo, há a necessidade do emprego intenso da razão. Isso ocorre por meio do uso das faculdades, interagindo como os cinco sentidos.

Outra a pergunta que surge é: Qual é o sentido da palavra fé? Nas línguas mais antigas, como o latim e o grego, é possível descobrir importantes pistas sobre o significado desse vocábulo. No latim, ocorrem os termos *fide* e *pistis*, os quais apontam basicamente para o sentido de confiança ou de certeza. O léxico do grego *koiné* define *fé (pistis)* como "'persuasão firme', convicção fundamentada" (Vine; Unger; White Jr., 2002, p. 648). A fé pode ser explicada com base em duas perspectivas, uma mais subjetiva, apontando para o ato de crer ou confiar em alguém, e outra mais objetiva, referindo-se ao conteúdo doutrinal, dogmático, ou seja, aquilo em que se crê (Santidrián, 1996). A primeira perspectiva é mais psicológica, envolvendo as emoções; a segunda é mais racional, tendo em vista o conjunto de crenças – portanto, mais dogmática.

A ideia de fé abrange também elementos filosóficos, e não somente teológicos. Fé e razão nem sempre estiveram em harmonia na filosofia. De acordo com Champlin (2013), na filosofia tomista, a fé depende da razão, embora em alguns aspectos a fé tenha prioridade, como no caso da crença na Trindade, por exemplo. Ainda segundo Champlin (2013), na filosofia de Boaventura[2], a fé é essencial para que a pessoa faça as indagações corretas e para que sejam evitadas as escolhas erradas, nos casos em que é imperativo fazer escolhas. Embora esses dois conceitos, fé e razão, pareçam divergir, eles não são excludentes. Cada um tem seu lugar

---

2   Filósofo católico medieval.

na busca do conhecimento e das respostas às grandes questões da vida, sejam elas teológicas, sejam elas filosóficas.

Frequentemente, as pessoas argumentam estar com a razão sobre algum assunto. Estamos falando do mesmo conceito? Etimologicamente, o termo *razão* vem do latim *ratio*, significando "estimativa" ou "avaliação" sobre algum ponto de conhecimento (Razão, 1996). Na língua grega, as palavras mais próximas são *phrónesis, noús* e *logos* (Vine; Unger; White Jr., 2002). Esse último termo, *logos*, é um uma ideia que aparece com destaque na filosofia grega e ocorre também no texto do Novo Testamento, por exemplo, no Evangelho de João, traduzido em algumas versões por "verbo". Voltando para a palavra *razão*, ela indica a

> Faculdade de se fazer julgamentos e inferência. Nesse sentido, a razão pode ser dividida em teórica e prática: a razão teórica tem por objetivo fundamentar a convicção verdadeira e a razão prática visa à determinação da ação correta. As operações mentais racionais podem também ser classificadas, segundo sua forma, em dedutivas ou indutivas, e podem ser, em certa medida, descritas formalmente pela lógica [...]. A posse da razão é frequentemente vista como a diferença essencial entre os seres humanos e outros animais. (Razão, 1996, p. 820)

Na filosofia grega, sobram referências sobre o conceito de razão. Como já observamos, desde os tempos antigos ocorreram alguns entraves entre fé e razão no pensamento filosófico. Para Platão, o homem porta em si a paixão, a razão e a vontade; Aristóteles, fez distinção entre razão passiva, ligada às percepções por meio dos sentidos, e razão ativa, a razão mais pura; Panaécio distinguiu razão teórica de razão prática e Pascal fez referência à razão da mente e à razão do coração. Em alguns casos, a razão entra em choque com a fé; mesmo assim, há espaço para esses dois conceitos, tanto na vida experimental quanto na vida acadêmica (Rooney, 2015).

1.3 Religião: aspectos legais

Você sabia que mesmo estando no século XXI, a prática religiosa é motivo de perseguição em diversas partes do mundo? Você já deve ter visto notícias sobre extremistas atacando crenças diferentes das suas.

Em alguns casos, são dizimadas comunidades inteiras. Não é preciso ir longe para observar intolerância. Algumas vezes ela ocorre até mesmo no ambiente familiar, por exemplo, quando alguém muda a expressão de fé, deixando a tradição religiosa da família. A solução diante de atos de intolerância, visando à defesa dos direitos da livre e espontânea manifestação de crença encontra-se nas leis de proteção à liberdade religiosa. Por exemplo, a Constituição brasileira garante o livre exercício da fé (Brasil, 1988). Assim também faz a Organização das Nações Unidas (ONU, 1948), na Declaração Universal dos Direitos Humanos.

1.3.1 Breve histórico da liberdade religiosa no Brasil

Antes da chegada do homem branco, a população nativa do continente americano expressava livremente as próprias crenças religiosas nas mais variadas formas. As tribos estavam espalhadas geograficamente em diversos grupos étnicos e aldeias.

Apesar da presença de elementos religiosos comuns, não havia uma expressão singular dogmática na fé indigenista. Com a chegada dos colonizadores europeus, esse cenário mudou. O cristianismo foi introduzido entre os povos nativos, muitas das vezes anulando tanto as crenças quanto os aspectos culturais dos povos. No Brasil, prevaleceu o cristianismo sob a vertente católica romana, sendo considerada a religião oficial no período colonial e no Brasil imperial.

A independência do Brasil ocorreu no dia 7 de setembro de 1822. Esse evento histórico possibilitou certa abertura e liberdade de cunho administrativo e político. Entretanto, não ocorreu uma "independência religiosa" ou liberdade para a prática pública da religião baseado na escolha pessoal. Conforme observa Pierucci (2005), o papado havia concedido à Coroa Portuguesa, anos antes do descobrimento do Brasil, o direito de estabelecer a igreja cristã de confissão romana sob o regime de padroado. Essa regra era válida para todas as novas terras descobertas. O padroado era uma espécie de

> recompensa pelo envolvimento direto do Estado português na conversão dos "infiéis", o papa concedeu à Coroa o controle sobre as novas igrejas. Cabia ao rei de Portugal conquistar, junto com as novas terras, novas almas. Devia construir templos e mosteiros, dotá-los de padres e religiosos e, principalmente, nomear os bispos. O clero fazia parte do funcionalismo público, remunerado pelo Estado. (Pierucci, 2005, p. 300)

Em outras palavras, o que ocorria na prática era a mistura entre religião e Estado. E, no caso do Brasil, a religião oficial era o catolicismo romano, permanecendo assim por vários séculos. Mesmo após a independência, como mostra Pierucci (2005), o catolicismo continuou sendo a religião oficial do Império no Brasil, condição essa que prevaleceu até meados do século XX, quando o país deixou de ser uma monarquia e passou para o regime republicano. Somente a partir da Proclamação da República é que ocorreu a separação entre Igreja e Estado. Desse modo, as outras expressões de fé, até então cerceadas pelo Império, passaram a ter liberdade de culto público. Hoje, vivemos sob o chamado *Estado laico*, significando que, na prática, nenhuma religião deve ser favorecida em detrimento de outras.

1.3.2 A Constituição brasileira e a liberdade religiosa

Vários textos constitucionais foram confeccionados no decorrer da história do Brasil. Para ser mais exato, sete constituições foram redigidas. Após o período militar, apareceu a última delas, ainda em vigência, a Constituição de 1988 (Brasil, 1988), sendo denominada também *Constituição Cidadã*. Esse texto supremo situa-se logo após o final do regime militar, no início do período da redemocratização do país. Sua elaboração textual ocorreu no Senado brasileiro, sob a presidência de José Sarney. A Constituição da República Federativa do Brasil é uma das mais importantes conquistas democráticas da história da nação.

Um dos temas abordados na Constituição de 1988, e de especial interesse neste livro, trata da liberdade religiosa. Afinal de contas, a liberdade religiosa é um dos mais importantes direitos da humanidade. Conforme observa Kuo (2011), em um mundo de crenças plurais, todos têm o direito de conviver em paz, sendo essa uma das marcas de um Estado democrático de direito. No bojo do conceito de liberdade religiosa encontra-se a ideia da liberdade de culto, seja ela na vida particular, seja no âmbito comunitário. Esse é um direito inalienável de todos os cidadãos. Portanto, todas as expressões religiosas, independentemente da matriz a que pertençam, devem ser respeitadas, de forma que não haja nenhum tipo de cerceamento por parte do Estado.

O direito à liberdade religiosa aparece no art. 5º da Constituição de 1988:

> Art. 5º Todos são iguais perante a lei, sem distinção de qualquer natureza, garantindo-se aos brasileiros e aos estrangeiros residentes no País a inviolabilidade do direito à vida, à liberdade, à igualdade, à segurança e à propriedade [...]. (Brasil, 1988)

Observe que a liberdade religiosa é garantida por lei tanto a brasileiros quanto a estrangeiros residentes no Brasil. A ênfase da Constituição repousa na ideia de igualdade da raça humana. Os detalhes da liberdade religiosa aparecem mais claramente nos incisos desse artigo, conforme abordaremos a seguir.

Por exemplo, o inciso VI trata do direito do livre exercício da consciência pessoal e de culto religioso com garantia do local de culto (Brasil, 1988). Esse inciso estabelece a liberdade de reunião pública em local apropriado conforme a exigência de cada religião. Não é preciso dizer que há outras leis que regem a abertura de locais públicos, devendo, dessa forma, ocorrer subordinação de cada religião conforme rezam as leis.

A Constituição observa ainda, no inciso VIII, que ninguém deverá ser privado dos próprios direitos por questões de crenças religiosas (Brasil, 1988). Desse modo, o direito ao emprego, à saúde, à segurança e a outras conquistas jamais deve ser colocado de lado sob o pretexto de crença religiosa, seja por parte das autoridades constituídas, seja por parte da população (Brasil, 1988).

A Constituição recomenda que não haja imposição de religiões e de crenças específicas pelo Estado (Brasil, 1988). De acordo com o art. 19, inciso I, é vedado ao Estado:

> Art. 19 [...]
>
> I – estabelecer cultos religiosos ou igrejas, subvencioná-los, embaraçar-lhes o funcionamento ou manter com eles ou seus representantes relações de dependência ou aliança, ressalvada, na forma da lei, a colaboração de interesse público;

Observe com atenção o trecho "embaraçar-lhes o funcionamento", garantindo, desse modo, plena liberdade de expressão de fé. É claro que há outras leis que regulamentam o funcionamento dos cultos públicos. Entretanto, esses artigos da Constituição de 1988, bem como seus respectivos incisos, fornecem o fundamento para o livre exercício religioso.

1.3.3 Declaração Universal dos Direitos Humanos

Após a Segunda Guerra Mundial, surgiu a Organização das Nações Unidas, mais conhecida pela sigla *ONU*. Após o encerramento do conflito, diversas nações do mundo buscavam reerguer-se em meio ao caos originado pelas batalhas de proporções globais. A fundação da ONU ocorreu no dia 24 de outubro de 1945, tendo como sede a cidade de Nova York, nos Estados Unidos da América. O objetivo primordial da política das Nações Unidas é a plena paz entre os povos. Outros objetivos incluem uma maior cooperação entre as diversas nações na busca de soluções para grandes problemas sociais como saúde, educação, fome, entre outros.

Desde sua criação, a ONU tem tratado de diferentes temáticas, entre elas a religião, os conflitos e a busca pela paz. Porém, essa abordagem está presente em outras instâncias nas diversas esferas políticas, e não apenas na ONU. A Declaração Universal dos Direitos Humanos (ONU, 1948), promulgada no dia 10 de dezembro de 1948, versa sobre questões relacionadas ao direito da liberdade religiosa. Trata-se de um ideal de paz, respeitando a diversidade religiosa em um mundo plural. A declaração enfatiza que sejam garantidos os direitos básicos e humanitários e fundamenta-se na liberdade individual de cada cidadão, sendo, assim, de interesse de todos. Lembre-se de que a religião é uma escolha pessoal e deve ser respeitada.

Do ponto de vista da política internacional das Nações Unidas, como são tratadas as questões relacionadas às crenças pessoais e à liberdade religiosa? Para a ONU, esse é um direito constitucional. De acordo com a Declaração Universal dos Direitos Humanos (ONU, 1948, p. 10):

Artigo XVIII

Todo ser humano tem direito à liberdade de pensamento, consciência e religião; este direito inclui a liberdade de mudar de religião ou crença e a liberdade de manifestar essa religião ou crença, pelo ensino, pela prática, pelo culto e pela observância, em público ou em particular.

Como cidadãos do mundo, é obrigação de todos nós lutar pela liberdade religiosa. Cada pessoa deve praticar a própria crença de modo reverente, esperando ser respeitado. Que haja liberdade e direito de escolha pessoal de religião, de prática e de trânsito religioso. Destacamos, também, a liberdade de propagação da fé adotada nas mais diversas formas de exposição, fato que pode ocorrer em ambiente de encontro coletivo ou por meio da expressão pessoal.

Seguindo na mesma linha de defesa da liberdade religiosa, a ONU publicou a *Declaração sobre a eliminação de todas as formas de intolerância e discriminação fundadas na religião ou nas convicções* – Resolução 36/55, de 25 de novembro de 1981 –, na qual afirma que

Artigo 1º

§1. Toda pessoa tem o direito de liberdade de pensamento, de consciência e de religião. Este direito inclui a liberdade de ter uma religião ou qualquer convicção a sua escolha, assim como a liberdade de manifestar sua religião ou suas convicções individuais ou coletivamente, tanto em público como em privado, mediante o culto, a observância, a prática e o ensino. (ONU, 1981)

Como pode ser observado, a duas declarações são bastante semelhantes em seu conteúdo. Entretanto, Resolução de 36/55/1981 enfatiza que a liberdade plena de expressão religiosa está condicionada a outras leis relacionadas a questões de segurança, moral coletiva, saúde e liberdade de todos os outros cidadãos (ONU, 1981). Infelizmente essa ampla liberdade não tem sido respeitada em vários países, muitos deles signatários da ONU. O fato é que ainda ocorre intolerância religiosa em diversas partes do mundo, principalmente em contextos de guerra, ditaduras e outros desajustes político-sociais.

1.4 Temas comuns e diálogo

Quando olhamos as diversas matrizes religiosas e expressões externas de religiosidade humana, podemos observar grandes diferenças entre elas. Entretanto, há também diversos elementos comuns, apontando para certas similaridades nos ritos e nos costumes. Esses elementos em comum podem, de certa maneira, estabelecer pontos de aproximação, de modo que o conhecimento mútuo começa a abrir fronteiras para o diálogo inter-religioso.

Podemos destacar pontos de contato nas diversas expressões de fé, como em cerimônias, orações, oferendas, ritos de passagem, reuniões coletivas em espaços sagrados, fontes doutrinárias estabelecidas sobre livros sagrados, entre outros.

1.4.1 Cerimônias religiosas

Um dos aspectos comuns entre as religiões são as celebrações ou as cerimônias. O ritual pode variar bastante de uma tradição religiosa para outra, entretanto, esse é um conceito presente em grande parte das expressões de fé. Conforme Gaarder, Hellern e Notaker (2005), essas cerimônias são também denominadas *liturgia* ou, mais popularmente, *culto religioso*, envolvendo os serviços que fazem parte de um ritual estabelecido. Para algumas religiões, é importante a delimitação de espaços sagrados, conhecidos como *templos*, onde ocorrem cerimoniais de adoração coletiva.

Além das pessoas presentes nos ritos coletivos, em algumas religiões há também a consagração de objetos, muitos deles comuns no culto e no contexto daquela crença. Por exemplo, os ritos de passagem são comuns em muitas religiões – trata-se de uma espécie de marca do tempo na experiência religiosa do adorador ou praticante. Esse costume pode apontar para a ideia de iniciação na fé.

De acordo com Gaarder, Hellern e Notaker (2005), ritos de passagem acontecem em etapas importantes da vida humana, como o nascimento, a entrada na vida adulta, as ocasiões fúnebres e outros. Tomando como exemplo o cristianismo, um dos ritos de passagem mais importantes é o batismo cristão, que simboliza a entrada e o novo nascimento no reino de Deus. Para algumas igrejas cristãs, principalmente na tradição cristã católica, essa ordenança faz parte dos chamados *sete sacramentos*.

1.4.2 Orações

Outro elemento comum às religiões são as orações ou as populares **rodas de rezas**. Elas podem ocorrer no contexto do culto individual, embora sejam bem mais expressivas nos ritos coletivos de culto celebrativo. Novamente, tomando o cristianismo como exemplo, em um importante catecismo de educação cristã surge a pergunta: Por que a oração é necessária aos cristãos? E como resposta há o ensino de que "a oração é a parte mais importante da gratidão que Deus exige de nós. Além disso, Deus só concederá a Sua graça e o Espírito Santo àqueles que, constantemente, Lhe pedem esses dons e O agradecem por eles" (As três..., 2009, p. 88). Observe que, nessa perspectiva religiosa, a prática da oração envolve o ato de fazer pedidos e o hábito da gratidão diante da entidade divina.

Embora a oração esteja presente em praticamente todas as matrizes religiosas, nem todas têm o mesmo entendimento teológico sobre ela. O que podemos observar como ponto comum nas várias religiões é a prática da fé, tanto em grupo quanto na devoção particular. Segundo Gaarder, Hellern e Notaker (2005, p. 29), "a oração já foi chamada de casa de força da religião". Em algumas religiões, como o hinduísmo e o budismo, é comum a recitação de mantras religiosos, algo parecido como uma oração repetitiva com ênfase em certas palavras de comando. No catolicismo romano, são bastante populares as rodas de rezas. Nas igrejas cristãs de linha evangélica, a ênfase recai mais na prática de orações espontâneas.

1.4.3 Misticismo

O elemento místico é outro aspecto comum nas expressões de fé. O misticismo pertence ao campo da experiência religiosa pessoal do praticante de determinada religião. Para Erickson (2011, p. 127), misticismo é uma "forma de prática religiosa que busca o conhecimento direto de Deus, ao contrário do conhecimento discursivo ou intelectual". De certo modo, o misticismo é uma espécie de reação ao intelectualismo. É possível que em algumas religiões haja uma supervalorização do aspecto intelectivo em detrimento da experiência. Essa vivência mística

> pode ser caracterizada, resumidamente, como uma sensação direta de ser um só com Deus ou com o espírito do universo. Apesar de a oração e o sacrifício implicarem uma grande distância entre Deus e o homem – ou entre Deus e o mundo –, o místico tenta transpor esse abismo. Em outras palavras: o místico não sente a existência desse abismo. Ele é "absorvido" em Deus, "se perde" em Deus, ou "desaparece" em Deus. (Gaarder, Hellern; Notaker, 2005, p. 37)

O nível de assimilação mística pode variar de religião para religião. Dependendo do alcance de envolvimento pessoal com o sagrado, pode ocorrer o misticismo profundo. Em algumas expressões de fé, o praticante experimenta algo semelhante a um arrebatamento, algumas vezes perdendo o controle dos sentidos. Alguns adeptos do misticismo testemunham ter viajado e experimentado mundos paralelos. Dependendo da tradição, isso pode representar o céu ou o inferno. Em outras ocasiões, pode ocorrer de o praticante ser tomado pelo transe religioso enquanto reza ou canta. Uma experiência comum nas igrejas de tradição pentecostal e carismática envolve a glossolalia, o balbuciar de palavras em um dialeto desconhecido. Algumas vezes, isso é acompanhado de expressões de júbilo intenso e até de crises de risos.

1.4.4 Dialogar é preciso

Trataremos agora do importante tema relacionado ao diálogo. A sociedade atual é global e convive com ideias plurais. Quando olhamos ao redor, é possível observar uma variedade de confissões, crenças e práticas de culto religioso. Como cidadãos de um mundo situado no pós-modernismo, é preciso que aprendamos a conviver uns com os outros de modo amigável. Infelizmente, não são poucos os casos de fundamentalismo religioso. Algumas pessoas ou até mesmo grupos religiosos têm aversão ao diálogo com aqueles que pensam de modo diferente. É compreensível, afinal, o novo pode assustar, principalmente quando se trata de aspectos religiosos. Por isso a importância do diálogo inter-religioso e do diálogo ecumênico. Não se trata de união ou fusão, mas uma ação que objetiva a boa convivência entre as diversas ramificações religiosas.

Alguns grupos (ou certas pessoas) mais conservadores se sentem desconfortáveis ao ouvir falar em *diálogo ecumênico* e *diálogo inter--religioso*. Do que se trata esses conceitos, afinal de contas? Os dois são sinônimos ou há uma diferença entre ambos? Não são poucas as pessoas que pensam se tratar do mesmo conceito. Entretanto, há uma diferença considerável entre **diálogo inter-religioso** e **diálogo ecumênico**. Um olhar baseado em uma perspectiva cristã diria que o diálogo inter-religioso ocorre na esfera das diversas matrizes religiosas. Por sua vez, ainda sob a lente do cristianismo, o ecumenismo está mais restrito aos diversos grupos dentro da própria expressão de fé.

Enfim, o diálogo inter-religioso ocorre na esfera das mais variadas religiões. É a tentativa de aproximação, sendo levados em consideração os pontos comuns entre elas. Por exemplo, um padre, um pastor e um pai de santo poderiam se assentar juntos tendo uma conversa sobre pontos relacionados a questões sociais e outros problemas comuns a todos. Nesse sentido:

> Trata-se de um diálogo para discernir como a Graça de Deus opera no coração destes homens e mulheres de outras tradições; como eles e nós, de algum modo, podemos atuar juntos no testemunho da verdade, da justiça, da paz, da promoção humana; como nós podemos atuar juntos, como homens e mulheres religiosos, na construção de uma cidadania, de uma sociedade justa, do cuidado ambiental [...], o nosso diálogo com os membros de outras tradições não cristãs é a nossa forma de missionar, de modo recíproco, dialógico, testemunhar a nossa fé. Transformar esse diálogo num espaço de anúncio, pela nossa vivência, nossa presença evangélica cristã. (Maçaneiro, citado por Cunha, 2015)

O ecumenismo, na perspectiva do cristianismo, é bem mais delimitado, configurando-se em um movimento mais restrito às igrejas de confissão cristã. *Ecumenismo* vem do termo grego *oikoumene* e significa "mundo habitado", indicando assim a unidade de todos os cristãos em torno de pontos comuns (Champlin, 2013). É a tentativa de uma aproximação, um "diálogo entre os cristãos que professam a fé em Jesus, na Trindade, no Mistério Pascal, na Redenção, na Graça, enfim, toda a fé do Novo Testamento" (Maçaneiro, citado por Cunha, 2015). A moderna tentativa de ecumenismo dentro do cristianismo histórico ocorreu a partir de 1910, na Escócia, também no Concílio Vaticano II e no Movimento de pacto de Lausane, este último de expressão mais protestante e evangélica (Weber, 2009).

Indicação cultural

AS AVENTURAS de Pi. Direção: Ang Lee. Estados Unidos, 2012. 125 min.

Filme dirigido por Ang Lee, expõe a vida Pi, um menino cuja fé se apresenta sob a experiência do pluralismo religioso. Pi interage e pratica, ao mesmo tempo, o cristianismo, o budismo e o hinduísmo.

Síntese

Neste capítulo, estudamos e analisamos alguns elementos introdutórios no estudo das religiões e seus vários aspectos por meio da ótica das ciências da religião. Trata-se de um olhar em perspectiva acadêmica, despido de interpretações ou ênfases de natureza apologética. Religião e religiosidade estão presentes na existência humana em todas as culturas, raças e regiões geográficas da terra. Com o advento do mundo pós-moderno, globalizado e pluralista, é importante que as pessoas pratiquem a própria religião, mas façam isso sem imposição ou fundamentalismos.

Examinamos também o sentido do termo *religião* com base na etimologia. Observamos o significado da palavra por meio da lente da sociologia, da psicologia e da teologia. Destacamos o significado de *fé* e *razão* e seus possíveis pontos de atritos na teologia e na filosofia. Exploramos os aspectos legais da religião e a relação dela com o Estado, conforme expresso na Declaração Universal dos Direitos Humanos da ONU e na Constituição brasileira de 1988. Por fim, versamos sobre o sentido do diálogo inter-religioso e do ecumenismo, tendo em vista a boa convivência entre as diferentes matrizes religiosas envolvendo a liberdade de fé.

Atividades de autoavaliação

1. Em relação aos termos *religião* e *religiosidade*, assinale as respostas corretas:
   A) O termo *religião* tem origem na Índia.
   B) O termo *religião* traz, por meio das palavras *ligar* ou *religar*, o conceito de conectar algo que estava desconectado de algué me o termo *religiosidade* aponta mais questões subjetivas, do interior da pessoa.
   C) O conceito de religião refere-se apenas a crenças e dogmas.
   D) Religiosidade é algo imposto pelas instituições religiosas.
   E) Religiosidade é resultante das religiões estatais de alguns países.

2. Sobre religião e religiosidade, assinale a resposta correta:
   A) Religião envolve crenças, dogmas e modelos organizados.
   B) Religião é algo intrínseco ao ser humano.
   C) Religiosidade inclui os anseios profundos do ser humano.
   D) Religião é algo interno e religiosidade é algo externo.
   E) Nenhuma das alternativas anteriores.

3. Quais são os três aspectos envolvidos quando falamos em *religião* e a relação dela com o ser humano:
   A) Estão envolvidos aspectos como emoção, intelecto e vontade.
   B) Estão envolvidos aspectos como fé, ritos e formas.
   C) Estão envolvidos aspectos como vontade, sacramentos e cânticos.
   D) Estão envolvidos aspectos como emoção, orações e ritos de passagem.
   E) Nenhuma das alternativas anteriores.

4. Como era a liberdade religiosa no Brasil entre o descobrimento e a Proclamação da República? Marque a opção correta:
   A) Todas as religiões recebiam permissão de culto.
   B) Apenas a religião cristã de expressão católica romana era permitida.

c) Igrejas de tradição protestante histórica eram livres para expressar sua fé.
d) Todas as religiões de tradição cristã recebiam liberdade religiosa.
e) Mesmo após a independência do Brasil, a igreja católica continuou sendo a religião oficial do país.

5. O que significa *ecumenismo cristão* e quando ocorreu a tentativa de estabelecimento do moderno movimento ecumênico? Assinale as respostas corretas:
a) Ecumenismo é a tentativa do Estado de construir uma única religião.
b) *Ecumenismo* vem do grego *oikoumene* e significa "mundo habitado", sendo, desse modo, um termo apropriado para falar da unidade de todos os cristãos em relação aos pontos comuns entre eles. Sua primeira ocorrência se deu em 1910.
c) *Ecumenismo* é um termo que significa "fusão de todas as religiões".
d) O moderno movimento de ecumenismo cristão começou com a criação do Conselho Mundial de Igrejas.
e) O ecumenismo moderno teve ampla aceitação somente a partir do Concílio Vaticano II.

Atividades de aprendizagem

Questões para reflexão

1. Imagine-se vivendo no período entre a descoberta do Brasil e a Independência, quando somente o cristianismo católico era a religião permitida. Como você se sentiria? Justifique.
2. O que você pensa do ecumenismo? Sua religião, caso seja adepto de uma, é uma religião que pratica o ecumenismo?
3. Em sua opinião, qual é a diferença entre *ecumenismo* e *diálogo inter-religioso*?

Atividade aplicada: prática
1. Diário de bordo

   Usando um processador de texto, crie um arquivo chamado *Diário de bordo*, que será utilizado em todo o livro. Registre as seguintes informações sobre este capítulo:

   - Aponte quais são os aspectos legais importantes para a liberdade religiosa.
   - Indique qual assunto abordado neste capítulo você sentiu mais dificuldade de assimilação e de aceitação.

2 RITOS E COSTUMES RELIGIOSOS NA ATUALIDADE

Neste capítulo, abordaremos as fontes literárias ou teológicas das principais expressões religiosas. Há espaço para livros sagrados, festas e costumes religiosos no século XXI? Sim, os livros sagrados estão presentes e são uma realidade na vida de milhares de pessoas. Possivelmente, você já observou cristãos lendo ou carregando Bíblias, ou quem sabe judeus lendo a Torá, ou até mesmo muçulmanos recitando o sagrado Alcorão em orações. Esses são alguns dos livros tidos como "inspirados" e contendo algum tipo de revelação profética, conforme a compreensão religiosa de cada grupo.

Em conjunto com esse tema, veremos também algumas das crenças religiosas de maior importância, bem como as principais festas e as cerimônias mais populares. Alguns ritos parecem entrar em choque com algumas leis estabelecidas. Por exemplo, o sacrifício de animais em certas religiões encontra resistência de órgãos ou grupos ligados à proteção dos animais e à defesa ambiental. Nesse caso, como fica a liberdade de culto, uma vez que colide com pensamentos contrários? Tema desafiante.

2.1 As religiões e seus textos fundantes

Muitas religiões são conhecidas como *religiões do livro*; algumas delas, como *religiões dos livros*. Nesses casos, estão em vista os livros sagrados utilizados como base ou fonte na construção de elaborados sistemas de crenças e doutrinas. Apresentaremos alguns desses livros, começando com a Torá, livro sagrado para a religião judaica. Em seguida, a Bíblia Sagrada, fonte teológica das principais correntes do cristianismo. Abordaremos também o Alcorão, livro religioso da tradição muçulmana. E, em último lugar, outras fontes literais vinculadas às crenças orientais, mais especificamente budistas e hinduístas. O curioso é que esses documentos fundantes têm sido traduzidos para a linguagem contemporânea, objetivando melhor assimilação.

> **PRESTE ATENÇÃO!**
>
> Você sabe o significado da palavra *monoteísmo*? É comum ouvirmos esse termo em assuntos relacionados à teologia e às ciências da religião. Mas afinal, o que é *monoteísmo*? Esse termo vem da língua grega, formada por *monos* e *théos*, ou seja, "um deus". É a crença comum nas três religiões mais antigas do Oriente Médio: judaísmo, cristianismo e islamismo (Erickson, 2011).

2.1.1 Torá: fonte teológica judaica

A religião judaica é uma das três religiões monoteístas ocidentais e suas origens remontam ao chamado de Abraão. O judaísmo é uma religião de natureza revelacional em relação às fontes literárias. Para o praticante da fé judaica, Yahweh revelou sua vontade, em relação aos aspectos teológicos, espirituais e cerimoniais. No caso do judaísmo, a fonte primária teológica está reunida em um livro conhecido como **Torá**. Nessa obra estão a história da Criação, a vida dos patriarcas, a história de Moisés, os livros históricos, os livros proféticos e diversos outros escritos de natureza espiritual.

Todo judeu praticante deve conhecer a Torá. Os prosélitos, ou seja, os estrangeiros que se convertem ao judaísmo, são também instruídos quanto aos ensinos básicos. Há uma variedade de temas abordados nesse importante símbolo de fé. Conforme Reeber (2002), a palavra *Torá* vem da raiz hebraica *yrh*, tendo como significado básico a ideia de "ensino" ou "ensinar", configurando-se desse modo em um conjunto de instruções ou *corpus* doutrinal. Um dos pontos importantes no conteúdo da Torá se refere à aliança entre Deus e o povo judeu, o povo da promessa. Além disso, outros elementos didáticos e históricos também aparecem no texto.

De acordo com Eliade e Couliano (1999, p. 217),

> A escritura sagrada dos judeus e [sic] a *Torah nebi'im we ketuvim* (abreviatura para Tanakh), "a Lei, os Profetas e os Escritos", e como indica esse título, é composta por três divisões fundamentais: a Tora propriamente dita ou o Pentateuco (cinco livros), os Profetas e os outros textos. A parte mais antiga do Pentateuco data do século X a.C.; as partes mais recentes do *ketuvim* datam apenas do século II a.C.

Mas a Torá não é o único texto sagrado do judaísmo. Há outras coleções de escritos igualmente importantes, como o **Talmude**, uma espécie de coleção de comentários sagrados. A palavra *talmude* vem do hebraico *Imd*, cujo significado essencial aponta para a prática do estudo (Reeber, 2002). Basicamente, o Talmude é uma coletânea dos ensinamentos dos mestres da fé judaica durante os vários períodos da história do povo judeu. São duas as versões mais populares. A primeira delas é o **Talmude de Jerusalém**, de origem acadêmica situada na palestina. A segunda versão é **Talmude Babilônico**, cuja redação ocorreu por volta do ano 500 a.C.

O culto judaico ocorre em locais específicos, chamados de *sinagogas*. Durante a celebração, são lidas diversas porções da Torá, seguidas de explicações e aplicações para o fiel. A Torá é lida também em outros locais importantes para o povo judeu. Por exemplo, alguns seguidores dessa religião costumam fazer leituras e orações em frente ao Muro das Lamentações, em Jerusalém. O fato é que, dentro das várias correntes da tradição religiosa judaica, a Torá, livro milenar, continua viva na fé e na prática desse povo e dos demais convertidos.

2.1.2 Bíblia Sagrada: fonte teológica da tradição cristã

Independentemente da tradição cristã, (católica, ortodoxa ou protestante), a **Bíblia Sagrada** é o livro mais importante. Nela está contida toda a fonte doutrinal, teológica e prática dessa religião. A Bíblia Sagrada é um dos livros mais lidos de todos os tempos, traduzido em milhares de idiomas e editado praticamente em todas as partes do mundo. Com o avanço da tecnologia, é possível ler a Bíblia em *sites, e-mails*, aplicativos para *smartphones* e outras tecnologias. As denominadas *Bíblias de estudo* são edições contendo milhares de notas de rodapé, com explicações históricas e o sentido teológico do texto.

A Bíblia Sagrada é dividida em duas partes: 1) o Antigo Testamento; 2) o Novo Testamento. O **Antigo Testamento** relata a história da Criação, a chamada de Abrão, a saída do povo judeu do Egito, o estabelecimento desse povo na terra prometida e o profetismo. O **Novo Testamento** apresenta a história de Jesus de Nazaré como aquele que cumpre importantes profecias do Antigo Testamento. O Novo Testamento faz ainda um relato da história inicial do cristianismo e dos principais ensinos apostólicos.

Parte considerável do Novo Testamento é dedicado às cartas do apóstolo Paulo.

O conjunto de livros que formam a Bíblia Sagrada é denominado *cânone*, termo que indica o conjunto de livros aceitos como inspirados. No contexto do cristianismo, há divergências entre o cânone católico e o cânone protestante. Essas diferenças ocorrem mais no Antigo Testamento, com sete livros extras na Bíblia católica:

> O Cânon Católico organizou os livros do Antigo Testamento de maneira diferente. Ao classificar a Bíblia como Lei, História, Poesia, Sabedoria, Escritos Proféticos e Profetas Menores [...]. Durante a Reforma, os Protestantes adotaram o Canon Hebraico e o arranjo Católico, totalizando 39 (os 46 do Cânon católico menos os 7 apócrifos). (Mather; Nichols, 2000, p. 43)

O Novo Testamento não apresenta nenhuma diferença, seja na versão católica, seja na versão protestante e é formado por 27 livros organizados em Evangelhos, Atos dos Apóstolos, Cartas ou Epístolas e o livro do Apocalipse. Segundo Mather e Nichols (2000), desde os primeiros anos do cristianismo, esses livros foram reconhecidos como inspirados, sendo que a definição do conjunto completo ocorreu por volta do século 4 d.C. Desse modo, o cânone tornou-se um documento fechado, sem a necessidade da inclusão de novos livros, pensamento que é preservado no cristianismo até os dias de hoje.

Destacamos a seguir algumas traduções bíblicas em língua portuguesa (Youngblood, 2004):

- Bíblia de Jerusalém, editora Paulus (católica);
- Bíblia do peregrino, editora Paulus (católica);
- Bíblia Pastoral, editora Paulus (católica);
- Bíblia Tradução Ecumênica, editora Loyola (católica e protestante);
- Bíblia Almeida Revista e Atualizada, editora SBB (protestante);
- Bíblia nova versão internacional, editores Vida e SBI (protestante);

- Bíblia Almeida século 21, editora Vida Nova (protestante);
- Bíblia Nova Almeida Atualizada, editora SBB (protestante).

Essas são apenas algumas das versões disponíveis. Como destacamos anteriormente, algumas Bíblias são versões de estudo, com ótimas notas de rodapé. Nesse caso, indicamos a Bíblia de Estudo Ave Maria, uma edição bastante rica em informações teológicas, históricas e acompanhada de belos mapas (Bíblia, 2011). Caso você deseje uma Bíblia de estudo com notas de rodapé em perspectiva teológica protestante, indicamos a *Bíblia de estudo NVI* (nova versão internacional), que traz amplas notas de rodapé abordando informações teológicas, históricas e arqueológicas e uma variedade de mapas e ilustrações gráficas (Bíblia, 2004).

2.1.3 Alcorão: fonte teológica islâmica

Assim como ocorre no judaísmo e no cristianismo, a religião islâmica possui também as próprias fontes literárias. O principal livro sagrado dessa importante corrente religiosa é o **Alcorão**. Para o praticante da fé islâmica, essa obra é fruto das revelações concedidas por Alá ao profeta Maomé. Nesse sentido, é também um livro de natureza teológica, abordando as doutrinas e os costumes do mundo islâmico. O Alcorão, que é tratado pelo fiel muçulmano com todo o respeito e carinho, é dividido em vários capítulos, denominados *suratas* (ou *suras*), um termo de origem árabe.

A forma final do Alcorão foi escrita após a morte do profeta Maomé, provavelmente por meio dos seguidores desse profeta. Segundo Mather e Nichols (2000), ao todo são 144 suratas ou capítulos, no qual são abordados vários temas teológicos, bem como as regulamentações para viver na fé islâmica.

A versão autorizada do Alcorão restringe-se ao idioma árabe, sendo que as traduções foram até mesmo proibidas por vários anos. Muitos muçulmanos repetem algumas frases contidas no Alcorão apenas como recurso litúrgico, às vezes sem saber exatamente o significado do trecho.

Para o fiel, a leitura do Alcorão exige uma série de cuidados e preparação. Por exemplo, Hinnells (1995) observa que é necessário que o leitor esteja ritualmente ou cerimonialmente puro para poder tocar no sagrado Alcorão.

Nas primeiras suratas são apresentados temas como a unidade de Alá, condição de divindade suprema. Outras *suratas* tratam de temas didáticos sobre o viver diário, as ações de graças, a Criação, a vida após a morte, o juízo. Em algumas, são abordados assuntos como o *sharia*, que contém regulamentações legais e sociais para o povo islâmico.

2.1.4 Fontes literárias do hinduísmo e do budismo

O hinduísmo e o budismo, duas religiões de matriz filosófica oriental, também têm fontes literárias ou teológicas. Elas servem de base para a formulação de dogmas e prescrições para os fiéis. Como já notamos, há alguns livros sagrados de natureza revelacional, por exemplo, as escrituras do judaísmo, do cristianismo e do islamismo. No caso do hinduísmo e do budismo, não é tão valorizado o conceito de revelação. Desse modo, a ênfase nessas religiões recai sobre a ideia de conhecimento por iluminação, em alguns casos, de conhecimento de natureza filosófica.

No caso do hinduísmo, são encontrados elementos como hinos, orações e cânticos, alguns deles reunidos em textos considerados sagrados pelos praticantes. De modo bem sintetizado, as fontes da religião hindu, consideradas como inspiradas, são:

> o *shiru* (um corpo de textos revelados) e os *smriti* (textos da tradição). Ao primeiro grupo pertencem os Vedas ("saber") – um corpo de Escrituras redigidas no noroeste da Índia a partir de 1500 a.C.,

contendo o *Rigveda*, o *Samaveda*, o *Yajurveda* e o *Atharvaveda* –, e os *Upanishad*. Ao segundo grupo pertencem os *Ltihasa*, ou epopeias míticas, entre as quais as mais conhecidas são o *Mahabharata* (que contém o famoso *Bhagavad-Gita)* e o *Ramayana* (epopeia de Rama), os *Paruna* (relatos antigos) e o *Tantra* (textos esotéricos). (Reeber, 2002, p. 128)

Textos de especial interesse são os *Upanishad* ou a forma aportuguesada *Upanixades*. O sentido desse termo remete à imagem de um mestre sentado em círculo instruindo os discípulos. O conteúdo aborda basicamente questões meditativas e filosóficas, tratando desde o ser interior (alma), denominada na linguagem teológica hindu de *atman*. É possível que os Upanixades sejam os últimos textos relacionados com o processo de revelação Veda. São em torno de cem coleções de escritos, datados de aproximadamente 800 a.C. até 400 a.c. Assim, os Upanixades são considerados a essência do pensamento hindu.

IMPORTANTE!
Você sabe o significado do termo *veda*? Etimologicamente, a palavra vem do sânscrito, conjunto de línguas e dialetos indo-áricos antigos do norte da Índia. Os *Vedas* são compilações de hinos e textos sagrados datando desde aproximadamente 1500 a.C.; e são tidos como literatura sagrada pelos praticantes do hinduísmo. (Gaarder; Hellern; Notaker, 2005).

O budismo e o hinduísmo são as duas mais importantes religiões filosóficas orientais. Trataremos agora dos documentos fundantes do budismo.

O budismo floresceu na Índia por volta dos séculos VI a.C. e V a.C., tendo como base os ensinamentos de Buda (Gaarder; Hellern; Notaker, 2005). A literatura dessa religião foi estabelecida pelos seguidores de Buda, aproximadamente duzentos anos após a morte do mestre. Inicialmente os ensinos foram transmitidos oralmente por meio dos discípulos e principalmente dos monges. Entretanto, os budistas sentiram a necessidade de um registro escrito, como um modo de preservação das tradições.

São basicamente três as fontes canônicas budistas. Elas são conhecidas como *Tripitaka*, popularmente chamada de cesto triplo, escritos em folhas e guardados em cestos. A primeira fonte é a *Vinaya-pitaaka*, abordando as regras e as ordens, a vida de Buda, a vida monástica e as disciplinas para o convívio em comunidade (Santidrián, 1996). No início, as comunidades monásticas viviam em paz e harmonia, entretanto, com o crescimento da tradição, ocorreram certos tipos de desordens internas. Assim, diante desses desajustes, surgiu a necessidade de serem estipuladas as regras de convívio.

A segunda fonte canônica do budismo está ligada à instrução oral de Buda. O período de ensino durou aproximadamente quarenta anos. São conselhos, às vezes em forma de sermões, alguns deles com características bem contextualizadas para o momento em que foram escritos. Esses escritos são chamados de *Sutta-pitaka*, ou seja, instruções tratando de lendas e histórias anteriores a Buda, bem como o ensino do próprio mestre e dos monges (Santidrián, 1996). A *Sutta-pitaca* é dividida em cinco partes, sendo composta de vários discursos, alguns deles bastante longos, outros, médios.

A terceira fonte canônica do budismo aborda temas de natureza mental e física. São análises e exposição mais profundas sobre a jornada em direção à iluminação. É denominada *Abhidamma-pitaka*, instruções e ensinos de nível superior, contendo sete livros voltados para os fiéis mais avançados, como os monges, por exemplo (Santidrián, 1996). Nessa parte se encontram escritos de natureza teológica em perspectiva budista. Supõe-se que o núcleo filosófico dessa coleção de sete livros tenha sido Buda, embora isso seja motivo de discussão para acadêmicos e estudiosos.

2.2 Deus em questão

Um olhar sobre as principais correntes religiosas mostra elementos como a crença em algum tipo de força superior, a noção de que há um deus ou vários deuses. Então, surgem algumas perguntas: Quem é deus? Há mais de um deus? Ou será que o mesmo deus se revela de várias formas nas diferentes expressões religiosas? Deus é eterno ou passou a existir em determinado tempo?

Observe que algumas dessas questões estão interligadas como elementos da filosofia. Nas próximas páginas, exploraremos o conceito de divindade nas principais religiões.

Apesar de a grande maioria da população do planeta expressar a crença em um ser superior, há também o avanço crescente do ateísmo. Países como França, Holanda, Alemanha e outros têm experimentado um avanço significativo do chamado *secularismo*. Trata-se do abandono das religiões tradicionais, mas não somente isso, como também a assimilação de conceitos ateístas. A ideia de um ser superior parece tornar-se coisa do passado para a comunidade acadêmica. Contudo, é preciso tomar cuidado para não generalizar. O fato é que muitos estudantes encontram dificuldades ao entrar para o mundo universitário, quando as crenças em um ser superior são desafiadas pelo academicismo.

2.2.1 Deus nas religiões monoteístas: judaísmo, cristianismo e islamismo

O judaísmo é uma religião monoteísta e pressupõe a existência de Deus. Para essa expressão de fé, a crença no Deus único, aquele que se revelou a Abraão, é a mais importante no conjunto de dogmas.

Por exemplo, o livro do Gênesis narra a história da criação partindo do pressuposto da existência de Deus: "No princípio Deus criou os céus e a terra" (Gênesis, 1: 1)[1]. Conforme podemos observar nesse texto, o autor não questiona a existência de Deus. A existência do Criador é tomada como certa.

Na teologia judaica, a revelação divina ocorreu sob diversas etapas. Na chamada de Abraão, Yahweh disse ao patriarca: "Saia da sua terra, do meio dos seus parentes e da casa de seu pai, e vá para a terra que eu lhe mostrarei" (Gênesis 12: 1). O ponto alto na crença em Yahweh ocorre com Moisés e o recebimento da Torá, em forma de lei e mandamentos. O livro do Deuteronômio (6: 4-9) registra as seguintes palavras:

> Ouça, ó Israel: O Senhor, o nosso Deus, é o único Senhor. Ame o Senhor, o seu Deus, de todo o seu coração, de toda a sua alma e de todas as suas forças. Que todas estas palavras que hoje lhe ordeno estejam em seu coração. Ensine-as com persistência a seus filhos. Converse sobre elas quando estiver sentado em casa, quando estiver andando pelo caminho, quando se deitar e quando se levantar. Amarre-as como um sinal nos braços e prenda-as na testa. Escreva-as nos batentes das portas de sua casa e em seus portões.

Todos os judeus devotos repetem esse "credo" nos períodos matutino e vespertino. A essência da crença em Deus no judaísmo remete à ideia de Divindade, ou seja, daquele que é totalmente outro, ou seja, Yahweh é totalmente imanente, transcendente, soberano, onipotente, onisciente, amoroso e gracioso. Essas características da Divindade na fé judaica são conhecidas como *atributos de Deus*. Yahweh é Deus presente, envolvendo-se na vida das criaturas, trazendo-lhes paz e justiça. Os Dez Mandamentos registrados em

---

1   As citações bíblicas deste capítulo foram retiradas de Bíblia (2004).

Êxodo, capítulo 20, revelam como o seguidor do judaísmo deve viver em relação a Deus e ao próximo.

Vejamos agora a crença em Deus no cristianismo, a segunda religião monoteísta. Há nessa religião certas semelhanças com a tradição judaica, afinal, o cristianismo começou dentro das fileiras do judaísmo no primeiro século. De modo semelhante, o cristianismo professa também a crença em um Deus único, criador de todas as coisas, o mesmo Yahweh cultuado no judaísmo. Entretanto, no cristianismo, como resultado da revelação progressiva, surge o conceito de Trindade, ou seja, a crença em um único Deus que se revela como Pai, Filho e Espírito Santo.

As liturgias dos cultos cristãos fazem frequentes referências a Deus como Pai, Filho e Espírito Santo. Essa é uma profissão de fé essencial nos credos das grandes igrejas e exigida como crença. A doutrina da Santíssima Trindade está presente nas formulações de credos e confissões das grandes tradições cristãs, como o catolicismo, o protestantismo histórico e os principais grupos pentecostais. Basta observarmos os principais manuais de dogmática ou teologia sistemática dessas correntes e facilmente notaremos um capítulo inteiro dedicado a explanar essa importante doutrina da fé cristã.

Para o cristianismo histórico, o dogma da Santíssima Trindade é uma crença genuinamente bíblica. Conforme observa Grudem (1999), o termo *trindade* não está presente na Bíblia, entretanto, a ideia concebida por essa palavra se faz presente em muitas das partes desse livro. Teologicamente "Deus é um, existindo, porém, eternamente em três pessoas [...] não trata de três deuses, mas um único Deus manifesto em três pessoas distintas" (Erickson, 2011, p. 200). O fato é que a doutrina cristã da Trindade não é um conceito de fácil entendimento e assimilação; ela exige exercício racional e fé por parte do indivíduo.

O islamismo é a terceira religião monoteísta, semelhantemente ao judaísmo e ao cristianismo. Para o povo muçulmano, há somente um Deus; os adeptos do islamismo o chamam de **Alá**, palavra de origem árabe que significa "O Deus". A presença do artigo "O" foi uma forma de destacar que Alá é único e verdadeiro, considerando-se que o islamismo teve seu início rodeado de tribos com as mais variadas divindades (Toropov; Buckles, 2017). O nome *Alá* carrega o conceito de unidade da divindade islâmica; o som se aproxima do termo aramaico *EL* usado para se referir a Deus.

A primeira surata do Alcorão faz uma apresentação bastante clara da natureza de Deus na fé islâmica:

> Em nome de Deus, o Clemente, o Misericordioso. Louvado seja Deus, Senhor do Universo, Clemente, o Misericordioso, Soberano do Dia do Juízo. Só a Ti adoramos e só de Ti imploramos ajuda! Guia-nos à senda reta, À senda dos que agraciaste, não à dos abominados, nem à dos extraviados. (Alcorão, 1: 1-7)[2]

A invocação do nome de Deus é uma das partes mais importantes nas liturgias e nas orações islâmicas. Conforme observação de Jantz e Bickel (2005, p.79), "ao pronunciar *Allah akbar* (Alá, o grande), em suas orações diárias, os muçulmanos reconhecem que 'deus é maior do que tudo'". Ou seja, o nome *Alá* carrega os atributos de onisciência (sabe de tudo), onipresença (está presente em todo lugar) e onipotência (tem todo o poder). São aproximadamente 99 maneiras para se referir às qualidades de Alá. Esses adjetivos são chamados teologicamente de *atributos*, que revelam importantes aspectos sobre a natureza de Alá.

---

2   As citações do Alcorão foram retiradas de Alcorão (2020). O primeiro número (antes dos dois pontos) indica a surata; após os dois pontos, há a indicação do versículo ou do intervalo de versículos.

2.2.2 Deus nas religiões orientais: budismo e hinduísmo

Voltemos agora para o conceito de Deus ou de Divindade nas duas principais religiões filosóficas orientais: o hinduísmo e o budismo, começando pela primeira. Na teologia hindu, há três principais divindades: 1) **Brahma**, um deus absoluto, o mais importante, algo como uma realidade final; 2) **Vishnu**, o deus das boas coisas, aquele que domina céu e terra, manifestando-se de diversas formas ou avatares; e 3) **Shiva**, aquele que cria e aniquila em um eterno ciclo, normalmente representado com quatro braços (Jantz; Bickel, 2005). Conforme podemos observar, o hinduísmo é uma religião que revela um deus de muitas faces, ou seja, uma divindade pluralista em expressões de manifestação.

No caso do budismo, não há uma divindade específica. Para alguns ramos dessa religião, nem mesmo há uma divindade. Por exemplo, considerando que a iluminação poderia ser atingida por meio do esforço do fiel, Buda, na verdade não se importava muito com a ideia de um deus. Em alguns países, há estátuas de Buda, mas ele não é considerado uma divindade. Um fato curioso é que algumas correntes budistas adornam os templos com imagens do hinduísmo, mas não há devoção por parte dos fiéis. De certo modo, a literatura budista quase que ignora a ideia da existência de uma divindade.

> Com uma doutrina como essa, não é de se surpreender que Buda tenha ensinado que não devemos buscar a intervenção divina em nossas vidas. Os deuses hindus realmente existem, ele ensinou, mas não exercem influência sobre a vida humana diária. Pelo contrário, eles estão sujeitos às mesmas leis universais que os seres humanos devem observar. (Toropov; Buckles, 2017, p. 243)

Enfim, a existência ou não de deus é insignificante para muitos budistas. Isso não quer dizer que haja tratamento frio e indiferente para com aqueles que pensam de modo diferente. No budismo, é mais importante a busca do ser em atingir objetivos espirituais, sendo o mais essencial deles a iluminação. Buda não era um deus nem se tornou deus. Foi um apenas um caminhante que encontrou a iluminação atingindo a paz eterna e final. Para o praticante da fé budista, a ênfase recai em não matar, não roubar, não mentir, não ingerir substâncias tóxicas, não desrespeitar os horários estabelecidos para refeições e outros importantes princípios para a vida.

2.3 Conceito de salvação nas principais religiões

O conceito de salvação é bastante comum nas mais variadas matrizes religiosas. Em relação à existência no mundo material, a ideia de salvação envolve livramentos dos perigos do dia a dia. Entretanto, para as religiões monoteístas, por exemplo, a salvação está ligada diretamente ao destino do fiel. Considerando-se que, na concepção de grande parte das religiões, a alma sobrevive à morte, onde ela estará e em que condições se encontrará? Para algumas religiões, a alma desfruta das alegrias eternas, na presença da divindade. Para outras, padece tormentos. Em outras expressões de fé, as almas retornam à existência em um novo corpo, recebendo uma segunda oportunidade.

2.3.1 Judaísmo

Iniciamos abordando o conceito de salvação no judaísmo. As escrituras judaicas são objetivas: "O Senhor é a minha luz e a minha salvação; de quem terei temor? O Senhor é o meu forte refúgio; de quem terei medo?" (Salmos, 27: 1). Observe que, na fé do orante, a salvação está relacionada com a ideia de livramento dos temores e das inquietudes da vida. Envolve também a libertação dos perigos constantes. Em relação à salvação da alma no mundo vindouro, o judaísmo ensina que para tanto é necessário o arrependimento dos pecados e a prática do bem, confiando sempre em Yahweh (Senhor). Embora haja uma variedade textos na Torá ensinando sobre vida, morte e salvação, o tema não está muito claro. O que se nota é a crença na continuidade da existência na eternidade, dependendo do comportamento pessoal na vida atual, como uma resposta concedida por Yahweh ao arrependimento, sendo que a palavra final está nas mãos do Criador (Jantz; Bickel, 2005). Onde há arrependimento e mudança, há esperança: "O Senhor está perto de todos os que o invocam, de todos os que o invocam com sinceridade" (Salmos, 145: 18). Enfim, conceitos como *salvação* e *vida após a morte* repousam na ideia da graça de Deus ao pecador.

2.3.2 Cristianismo

O cristianismo tem muitos pontos em comum com o judaísmo no que diz respeito à salvação e à vida futura pós-morte. Entretanto, há uma evolução no pensamento soteriológico, isto é, referente à doutrina da salvação. O cristianismo parte da premissa de que todos são pecadores e estão afastados de Deus: "pois todos pecaram e estão destituídos da glória de Deus" (Romanos, 3: 23). Salvação inclui também livramentos dos perigos da vida diária, mas não se resume a essa esfera apenas. Para o cristianismo, a salvação está relacionada diretamente com o livramento da alma, com o viver na eternidade no reino futuro de Deus.

A salvação, na perspectiva cristã, é muito bem definida, conforme mostra uma importante confissão de fé:

> Cremos que Deus, que é perfeitamente misericordioso e justo, enviou seu Filho para assumir a natureza humana em que foi cometida a desobediência. Nesta natureza, Ele satisfez a Deus, carregando o castigo pelos pecados, através de seu mui amargo

sofrimento e morte. Assim Deus provou sua justiça sobre seu Filho, quando carregou sobre Ele nossos pecados e derramou sua bondade e misericórdia sobre nós, culpados e dignos da condenação. Por amor perfeitíssimo, Ele entregou seu Filho a morte, por nós, e O ressuscitou para nossa justificação, a fim de que, por Ele, tivéssemos a imortalidade e a vida eternal. (As Três..., 2009, p. 32).

Na teologia cristã, o homem é salvo da ira de Deus mediante a obra expiatória. Essa expiação aconteceu por meio da morte de Jesus, conforme o ensino bíblico-teológico do apóstolo Pedro: "Pois vocês sabem que não foi por meio de coisas perecíveis como prata ou ouro que vocês foram redimidos [...], mas pelo precioso sangue de Cristo" (1 Pedro, 1: 18-19). Ainda, segundo a teologia do apóstolo Paulo, a salvação ocorre por meio da fé em Cristo: "Se você confessar com a sua boca que Jesus é Senhor e crer em seu coração que Deus o ressuscitou dentre os mortos, será salvo" (Romanos, 10: 9). O cristianismo é a religião da graça. Deus veio salvar. Ao homem cabe apenas crer.

2.3.3 Islamismo

Vejamos agora o conceito de salvação no islamismo, a terceira das religiões monoteístas. Nessa expressão de fé, as ideias de salvação e de punição estão atreladas à liberdade concedida a cada pessoa. Assim como ocorre no cristianismo, no islamismo há uma tendência natural de o ser humano pecar contra o criador. O homem é responsável pelas próprias ações, sendo que essas ações, boas ou más, são registradas detalhadamente pelos anjos e vão determinar e influenciar o futuro eterno da criatura. Trata-se do registro dos atos bons e maus feitos durante toda a vida da pessoa.

Os escritos islâmicos relacionam o juízo e a graça de Deus na *surata* número 1:

Em nome de Deus, o Clemente, o Misericordioso. Louvado seja Deus, Senhor do Universo, Clemente, o Misericordioso, Soberano do Dia do Juízo. Só a Ti adoramos e só de Ti imploramos ajuda! Guia-nos à senda reta, À senda dos que agraciaste, não à dos abominados, nem à dos extraviados. (Alcorão, 1: 1-7)

Conforme essa surata, haverá um julgamento futuro por ocasião do dia do juízo final. Na fé muçulmana, a morte não significa o fim da existência humana, afinal de contas, a alma sobrevive no mundo vindouro, vindo, por meio da ressurreição, retornar à vida (Jantz; Bickel, 2005). O islâmico aceita a ideia de que a salvação ocorre mediante a obediência a Alá. Em última análise, a salvação depende da prática de boas ações no decorrer da vida na Terra, sendo que o bem e o mal realizados farão a balança pender para um lado ou para o outro, definindo assim a condição final de cada pessoa (Jantz; Bickel, 2005). É importante relembrar que, para o islamismo, Alá é misericordioso e perdoador para todos aqueles que se arrependem dos próprios erros. Quanto aos infiéis, o futuro não é nada agradável, pois haverá julgamentos e punições severas para eles.

2.3.4 Hinduísmo e budismo

Considerando que o hinduísmo e o budismo apresentam pontos de vista um tanto quanto semelhantes, analisaremos os conceitos de salvação e vida futura das duas religiões em conjunto.

O pensamento que rege o hinduísmo e o budismo dialoga com a noção da reencarnação; desse modo, não se pensa em salvação em termos semelhantes aos do cristianismo, por exemplo. Para os praticantes hinduísta e budista, a morte não é o fim. A pessoa, após partir deste plano, desprende-se do corpo físico com as próprias limitações. Entretanto, dependendo de como foi o comportamento dela enquanto encarnada, ela pode retornar em uma nova criatura, às vezes em espécies diferentes, e não somente como humana.

> **IMPORTANTE!**
> Você sabia que a reencarnação pode ocorrer em espécies diferentes? Para o budismo e o hinduísmo, o ser humano pode reencarnar novamente como ser humano ou reencarnar em outras espécies. É possível renascer como uma raposa, uma vaca ou outro animal qualquer. O caminho para evitar esse ciclo é o crescimento espiritual e a bondade na vida atual.

Especialmente no hinduísmo, a ideia de reencarnação é bastante enfatizada, levando a pessoa a viver milhares de ciclos de morte e reencarnação. Esse processo é conhecido como *samsara*, um termo técnico da teologia hindu. Para que não ocorra uma eternidade de ciclos de vida e reencarnação, o fiel hindu deve investir no progresso espiritual, evitando assim o renascimento constante (Toropov; Buckles, 2017). Nesse sentido, para as religiões hinduísta e budista, não há conceito de salvação, e sim de renascimento. É bom lembrar que alguns ramos do budismo contemporâneo não enfatizam tanto a ideia de reencarnação.

2.4 Observâncias religiosas e festividades

Um dos mais belos aspectos da religiosidade humana são as celebrações e as festividades religiosas. A fé, externada em ritos e em liturgias, é expressa em uma variedade de formas. Algumas religiões revelam um colorido todo especial nas festividades. Outras são menos visíveis nas celebrações. Em algumas, há festas fixas com prescrições específicas. Outras vezes essas festas têm um caráter apenas celebrativo, misturando-se à cultura do povo de alguma localidade, sem necessariamente envolver dogmas oficiais. Em um mundo global e plural, muitas vezes ocorre a apropriação de elementos de outras religiões.

2.4.1 Celebrações judaicas

As celebrações religiosas sempre tiveram um lugar de destaque no judaísmo. A Torá prescreve a observância de várias delas. Por exemplo, desde os tempos de Moisés tem sido praticada a celebração da Páscoa, chamada de *Rosh Hashaná*, e do *Iom Kypur* (Gaarder; Hellern; Notaker, 2005). De acordo com as escrituras sagradas, Moisés informou a ordem divina ao Faraó: "Depois disso Moisés e Arão foram falar com o faraó e disseram: 'Assim diz o Senhor, o Deus de Israel: 'Deixe o meu povo ir para celebrar-me uma festa no deserto'" (Êxodo, 5: 1). Assim, após a saída do Egito, Moisés estabeleceu festas fixas para o povo judeu.

A primeira festa é conhecida como a *Páscoa judaica*. O termo hebraico *pessach* aponta para o sentido de "passagem", uma lembrança de como o anjo da morte poupou os primogênitos do povo judeu na noite em que eles saíram do Egito. Para o praticante do judaísmo, essa é uma data especial, afinal, relembra a libertação da escravidão sob o poder do faraó. Nessa celebração, não se utilizam alimentos preparados à base de fermento. Normalmente, a Páscoa ocorre no mês de *nisan* do calendário hebraico, por volta do mês de março ou abril no calendário ocidental.

Além da Páscoa, há outras importantes celebrações judaicas. O *Rosh Hashaná*, ou seja, a festa de ano novo, ocorre no mês de *tishrei*, perto de setembro ou outubro. De acordo com Toropov e Buckles (2017), essa festa celebra o novo ano religioso judaico e a criação da Terra por Deus, como relatado no livro de Gênesis, no Antigo Testamento. O povo judeu celebra também o *Iom Kypur*, o dia da expiação, significando o perdão concedido por Deus ao povo escolhido. Outra importante celebração é festa das colheitas, que acontece no mês de outubro e lembra quando o povo judeu habitou em tendas no deserto. Por fim, há uma celebração chamada de *Purin*, relembrando quando os judeus foram salvos da destruição diante dos persas, conforme registrado no livro de Ester.

2.4.2 Celebrações cristãs

As celebrações cristãs começam com ciclo do Natal, os chamados *quatro domingos do advento* – uma palavra que vem do latim, indicando a estação cristã no ano eclesiástico em que a Igreja se prepara para celebrar o nascimento de Jesus (Toon, 2009). O advento começa na maioria das vezes no último domingo de novembro e continua por quatro semanas até à chegada do Natal (Ipib, 2011). Nesse período, são lidos textos proféticos sobre a vinda do Messias, o Salvador. A grande festividade do período do advento é o Natal, que celebra a encarnação de Cristo, prosseguindo até a epifania, ou seja, sua manifestação, no dia 6 de janeiro.

O próximo ciclo é o pascal. Algumas pessoas se lembram do ovo de chocolate, do coelho, mas não sabem explicar o verdadeiro sentido da Páscoa. Segundo Erickson (2011), a Páscoa cristã é a celebração da ressurreição de Cristo. Na sequência do tempo pascal, a Igreja comemora a ascensão de Jesus. É a celebração da partida de Jesus da Terra e o retorno dele aos céus, no quadragésimo dia após a ressureição (Erickson, 2011). O ciclo da páscoa encerra-se com a festa de Pentecostes. Foster (2004) informa que o termo *pentecostes* significa o quinquagésimo dia após o sábado da semana da Páscoa, e que é também uma referência à festa da colheita e dos primeiros frutos.

O tempo comum cobre a maior parte das celebrações no ano cristão. Ele é dividido em duas etapas: a primeira, logo após a epifania, e a segunda, mais extensa, refere-se aos domingos que seguem o grande dia de Pentecostes (Ipib, 2011). São períodos em que diversos temas da vida de Jesus são estudados, tendo em vista o crescimento da comunidade. Na primeira etapa do tempo comum, a Igreja celebra eventos importantes na vida e no ministério de Jesus. Na segunda etapa do tempo comum, a mais longa, outros eventos são celebrados. A Igreja comemora e cresce espiritualmente por meio de meditação nas atividades ministeriais de Jesus Cristo.

2.4.3 Celebrações islâmicas

No islamismo, há festas e ritos importantes. Eles estão prescritos em suas fontes teológicas, principalmente no Alcorão. Mesmo em um país como o Brasil, onde a presença islâmica é pequena, chamam a atenção alguns eventos, como o Ramadã, por exemplo. De certo modo, o fiel islâmico celebra adorando Alá por meio de orações diárias. Algumas vezes, são realizadas até cinco orações curtas, mas que não deixam de ser preponderantes no contexto religioso. Quando realizados em ambiente coletivo, esses ritos adquirem contornos de festas.

As orações acontecem em períodos específicos do dia. Na tradição muçulmana sunita, elas ocorrem: antes do amanhecer, após o meio dia, no meio da tarde, após do pôr do Sol e, finalmente, durante a noite (Toropov; Buckles, 2017). Na tradição xiita, também são realizadas essas mesmas cinco orações, porém em três momentos diferentes: antes do nascer do Sol, após o meio dia e no início da noite (Toropov; Buckles, 2017). As orações podem ocorrer em casa, no trabalho e, quando há possibilidade, nas mesquitas. O fiel muçulmano é ensinado a viver a espiritualidade no dia a dia, seja individualmente, seja coletivamente.

A celebração mais importante do islamismo é o famoso período do Ramadã – realizado sempre em jejum, ele ocorre no nono mês do calendário islâmico. O Ramadã é o quinto pilar da fé islâmica:

> O jejum pode ser feito por motivos de piedade ou de penitência; qualquer que seja o motivo, os muçulmanos devem cumprir um mês inteiro de jejum durante o Ramadã (o nono mês do ano lunar muçulmano – o mesmo mês em que Maomé recebeu pela primeira vez a revelação do Alcorão). Jejuar é uma atividade séria, pois os muçulmanos se abstêm de comida, bebida e prazeres a partir do nascer ao pôr-do-sol, todos os dias desse mês; toda a atividade de alimentação deve ser feita após o pôr-do-sol e antes do alvorecer. (Jantz; Bickel, 2005, p. 92)

Juntamente com o Ramadã, há outros importantes dias sagrados para o fiel muçulmano. A celebração *Ida al-Fitr* ocorre no final do Ramadã, na forma de um grande banquete e com troca de presentes; na celebração *Id ul-Adha*, são oferecidos animais em benefícios dos pobres; na celebração *Maulid al-Nabi*, é relembrado o nascimento do profeta Maomé (Toropov; Buckles, 2017). Há também outros rituais importantes, como o nascimento de uma criança, a iniciação na fé islâmica e as festas de casamento – estas, diga-se de passagem, ocorrem em grande estilo. O islamismo tem também rituais de funeral próprios para situações de luto.

2.4.4 Celebrações hinduístas e budistas

As duas religiões filosóficas orientais, o hinduísmo e o budismo, realizam também importantes eventos e festas. No hinduísmo, há dias ou tempos sagrados, dedicados à prática das celebrações festivas. Destacamos algumas, por exemplo: a *Duhsehra/Durga Puja*, uma celebração que comemora a vitória do bem sobre o mal; a *Rama Navami*, celebração centrada no deus Rama; a *Krishna Janmashtami*, quando é comemorado o aniversário de Krishna; a *Shiva Ratri*, no final do inverno, durando a noite toda (Toropov; Buckles, 2017). Outros rituais, chamados de *rituais de vida*, incluem o nascimento de um bebê, as festas de casamentos e até mesmo funerais. Todos são eventos importante na fé hindu.

O budismo também observa festas e dias sagrados. Como já vimos, são várias as correntes budistas, de modo que focaremos apenas em algumas das celebrações. De acordo com Toropov e Buckles (2017), as mais conhecidas são: a celebração do dia do nirvana, em 15 de fevereiro, dia em que Buda faleceu; o dia de Buda, comemorando o nascimento do mestre em 8 de abril; no dia 8 de dezembro, é celebrado o dia em que Buda, chamado também de *Siddhartha Gautama*, iniciou a busca pela iluminação debaixo de uma árvore. Mesmo ensinando a prática de uma vida sem apego às coisas materiais, há espaço para as celebrações na fé budista.

2.4.5 Celebrações religiosas de matriz afro-brasileira

As religiões afro-brasileiras são bastante festivas. Há um colorido todo especial nos ritos de celebração, algumas vezes rompendo o ambiente de culto e, desse modo, fazendo parte da cultura local ou regional. Nas crenças do candomblé, os espíritos ou *orixás*, como são chamados, descem nos terreiros ou nos locais de culto, incorporando-se nos praticantes, resultando em danças e movimentos regados ao som de tambores (Amaral, 2007). Além de expressar a identidade estética e cultural do grupo, esses momentos de festividade são oportunidades de alegria e celebração para os seguidores, muitos deles vindos de camadas mais sofridas e pobres da sociedade.

As religiões afro-brasileiras acabaram por influenciar importantes tradições da cultura brasileira, como o Carnaval, por exemplo:

> Uma das imagens mais conhecidas do Brasil é a de "país do carnaval, do samba, da mulata, do candomblé, do futebol, da feijoada e da capoeira". Na constituição desses símbolos de nossa identidade, estereotipados ou não, as religiões afro-brasileiras desempenham um papel fundamental [...]. As praias do litoral brasileiro

constituem-se prolongamentos dos espaços de terreiros em determinadas épocas do ano, quando Iemanjá, a deusa do mar, é homenageada desde o século XIX [...]. Está prática mostra a assimilação dos rituais afro-brasileiros pela população em geral, independente da religião professada. (Amaral; Silva, 2007)

Outra parte importante nas celebrações em quase todas as religiões em geral é o uso da música. Isso ocorre também nos cultos afro-brasileiros. Muitos gêneros musicais no Brasil, principalmente aqueles em que se usam tambores, têm origem nos rituais religiosos. De acordo com Amaral (2007), "as religiões em geral têm a música como importante elemento de contato com o sagrado, seja no caso em que ela proporciona o contato mais íntimo, seja no caso em que sua função é integrar os indivíduos em uma única voz". Algumas religiões têm apenas alguns momentos musicais. No caso do candomblé, a música está presente praticamente em tudo, fazendo parte de quase todos os ritos.

Algumas expressões da religiosidade afro-brasileira exigem sacrifícios de animais. Práticas como essa acabam por entrar em choque com órgãos oficiais ou com grupos de defesa de animais e do meio ambiente. Recentemente, no ano de 2019, o Supremo Tribunal Federal (STF) entendeu que essa prática é parte legítima de certos cultos e deve ser respeitada, desde que as oferendas ocorram somente nos locais de culto e a morte dos animais envolvidos seja realizada de modo digno (Barbiéri; Oliveira, 2019). É uma tentativa de preservar a vida animal e ao mesmo tempo garantir as liberdades religiosa e de culto estabelecidas pela Constituição.

Síntese

Neste capítulo, abordamos as fontes literárias fundamentais das mais importantes religiões. Vimos que, mesmo em pleno século XXI, ainda há espaço para os livros sagrados, as festas e os costumes religiosos.

Nesse sentido, para os fiéis do judaísmo, a Torá revela a vontade de Deus ao povo escolhido. Já no cristianismo, é comum a leitura da Bíblia, a qual, na perspectiva dessa religião, representa o livro sagrado. Seguidores do islamismo mantêm um profundo respeito pelo Alcorão, lendo-o e recitando partes importantes dessa escritura em suas orações. Para as religiões monoteístas, livros sagrados como a Torá, a Bíblia e o Alcorão são considerados inspirados, contendo, desse modo, algum tipo de revelação profética, conforme a compreensão religiosa de cada grupo.

As fontes literárias de cada religião têm como objetivo servir de base para a fundamentação teológica de suas doutrinas. Por exemplo, conforme a revelação judaica, Yahweh é o senhor sobre todas as coisas, o Criador do Universo, da Terra e da humanidade. O cristianismo também crê em um Deus soberano, porém que se manifesta como Pai, Filho e Espírito Santo, conforme mostra o Novo Testamento. No islamismo, por meio do Alcorão, são encontrados os ensinamentos sobre Alá, o único Deus, o Misericordioso.

Pudemos observar que a maioria das religiões acredita na sobrevivência da alma e na vida após a morte. Assim, a morte física não é o fim. Por exemplo, no cristianismo há a crença nas ideias de céu e de inferno. A salvação se realiza por meio da graça, pela obra redentora de Jesus Cristo. No caso de religiões como o hinduísmo e o budismo, a reencarnação é uma crença essencial, um modo de alcançar a iluminação ou a evolução, algo semelhante à salvação. Dependendo de como o fiel se comporta, ele pode evoluir ou retornar à vida em uma nova forma, humana ou animal. Por fim, constatamos que todas as religiões têm suas festas e celebrações – por meio dessas festividades são externados elementos práticos da fé dessas tradições.

Atividades de autoavaliação

1. No judaísmo, qual é a principal fonte de autoridade doutrinal para a vida religiosa?
   a] O sagrado Alcorão.
   b] A Torá.
   c] O Novo Testamento.
   d] O livro dos Salmos de Israel.
   e] O Talmude.
2. Marque as respostas que indicam Bíblias católicas que contêm livros apócrifos:
   a] Bíblia nova versão internacional.
   b] Bíblia de Jerusalém e Bíblia do peregrino.
   c] Bíblia nova tradução na linguagem de hoje.
   d] Bíblia nova versão transformadora.
   e] Bíblia Almeida século 21.
3. Em quantas partes é dividida a Bíblia Sagrada na tradição cristã?
   a] É dividida em duas partes: Antigo Testamento e Novo Testamento.
   b] É um todo sem divisão.
   c] É dividida em livros históricos, poéticos, proféticos e cartas.
   d] É dividida em Antiga Aliança e em Nova Aliança.
   e] Nenhuma das alternativas anteriores.
4. Em relação à Bíblia Sagrada, assinale as opção correta:
   a] A versão católica da Bíblia tem sete livros a mais em relação à versão protestante.
   b] O Novo Testamento tem 30 livros.
   c] A Bíblia NVI (nova versão internacional) é uma edição interconfessional.
   d] O reconhecimento do cânone ocorreu no século XV.
   e] É um livro aceito por judeus, cristãos e muçulmanos.
5. Em relação à crença em Deus e sua existência, assinale as afirmativas corretas:

A] Para o judaísmo, o nome revelado por Deus foi Shiva.
B] O cristianismo professa a crença em um Deus único e não crê em nada mais.
C] O islamismo é uma religião que professa a crença em vários deuses.
D] Os hinduístas acreditam em uma pluralidade de deuses, e para o budismo a ideia da divindade não é algo importante.
E] Nenhuma das alternativas anteriores.

Atividades de aprendizagem

Questões para reflexão

1. Como você se sentiria caso não pudesse expressar sua fé livremente e de acordo com as instruções recomendadas pelas normas de sua religião? E caso você fosse um ateu, como reagiria diante da imposição de alguma religião estatal?
2. Você acha que é possível praticar hoje alguma crença religiosa que envolva costumes tão antigos e diferentes como ocorre no hinduísmo? Justifique.
3. O que você pensa sobre o Natal celebrado hoje quando comparado com o nascimento de Jesus registrado na Bíblia?

Atividade aplicada: prática

1. Diário de bordo

    Continue utilizando o arquivo de texto como diário de bordo. Registre as seguintes informações deste capítulo:

    - Os fatos que você considera como os mais importantes para seu aprendizado.
    - As práticas religiosas com tradições mais diferentes das professadas por sua religião.

3
RELIGIÃO E QUESTÕES ÉTICAS

Neste capítulo, estudaremos alguns conceitos éticos ou morais em ebulição no mundo moderno. Não queremos dizer que essas questões não aconteceram anteriormente na história, mas é perceptível que ganharam mais visibilidade na atualidade. Por exemplo, o alto índice de suicídio nos tempos atuais é alarmante. O que mais preocupa é a ocorrência dessa ação entre adolescentes e jovens. Possivelmente, você já conviveu com pessoas em seu círculo familiar ou com amigos que experimentaram essa situação traumática. Com certeza, são experiências difíceis de lidar e que deixam marcas profundas na vivência daqueles envolvidos com o fato.

Problemas existenciais sempre ocorreram; são constantes na vida humana. Entretanto, eles estão, agora, mais em evidência no dia a dia das pessoas: no trabalho, na internet, na faculdade, nas religiões etc. Essa efervescência na busca por respostas sobre o suicídio, sobre o direito à prática da eutanásia e do aborto tem seu aspecto positivo, no sentido de trazer informações sobre os temas. Não temos por objetivo dar respostas conclusivas, apenas apresentamos as questões e deixamos que cada leitor faça sua reflexão sobre elas.

3.1 Fim da linha: o suicídio

O suicídio é um tema preocupante e de certo modo envolve a saúde pública. O que leva o ser humano dar cabo da própria vida? As taxas de suicídio têm aumentado consideravelmente nos últimos anos. Pesquisas recentes mostram um aumento preocupante de casos entre a população jovem, e em países como Brasil e Estados Unidos houve um aumento em torno de 20% nos últimos 10 anos (Molica; Bustamante, 2018), sendo que as principais vítimas pertencem à população mais jovem da sociedade. Trata-se de um número alarmante, que merece consideração e análise profundas, afinal, são vidas humanas que estão em jogo.

Mas o que é suicídio? Segundo o *Minidicionário Larousse de língua portuguesa*, é o "Ato ou efeito de suicidar-se; desgraça ou ruína provocada pela própria vítima; autodestruição" (Carvalho, 2009, p. 778). Desde os tempos antigos, essa prática tem ocorrido nas diversas culturas. Entre os principais pensadores da filosofia, como Sêneca, o suicídio era visto como parte da liberdade individual levada ao extremo, ou seja, a liberdade do ser humano sobre as próprias decisões (Grounds, 2007). Com a liberdade individual sendo pregada em larga escala nos últimos anos, esse pensamento tem sido revivido na sociedade. A seguir veremos o que cada religião tem a dizer sobre esse comportamento.

PRESTE ATENÇÃO!

Você já ouvir falar em *suicídio coletivo religioso*? Saiba que muitas pessoas já tiraram as próprias vidas coletivamente sob influência de cultos religiosos de natureza fundamentalista. Em 1979, Jim Jones, um pastor de uma seita, levou 918 pessoas à morte em nome do fanatismo religioso (BBC, 2018).

3.1.1 O suicídio no pensamento judaico-cristão

O judaísmo e o cristianismo entendem que a vida é um presente de Deus, que é seu autor e somente ele tem o direito de retirá-la. Nas escrituras do Antigo Testamento, Deus vê a morte com pesar: "Pois não me agrada a morte de ninguém" (Ezequiel, 18: 32)[1].

Certamente o suicídio – como resultado de fraquezas momentâneas –, é também um tipo de morte e está incluso nessa declaração divina. Do ponto de vista do cristianismo, "a morte veio a todos os homens, porque todos pecaram (Romanos, 5: 12). Ou seja, para as Escrituras Sagradas, morte é acidente, desse modo, tanto para o judaísmo quanto para o cristianismo não há uma preocupação teológica em relação ao suicídio.

Por exemplo, na concepção teológica judaica, o suicídio se aproxima da ideia do assassinato. Ninguém tem o direito de tirar a vida de outra pessoa, muito menos a própria vida. Conforme observação de Toropov e Buckles (2017), o judaísmo proíbe terminantemente o suicídio não somente para a vítima, mas também para aqueles que de alguma maneira colaboram para a cessação da vida de algum fiel. É claro que há casos nos relatos bíblicos que parecem apontar para o suicídio, como o do rei Saul no contexto das guerras com povos filisteus, bem como o final infeliz da história de Sansão, ao tirar a própria vida, matando a si próprio e também os inimigos. Salvo essas exceções, prevalece a ideia da preservação da vida humana.

O pensamento cristão se aproxima do pensamento judaico, optando sempre pela preservação da vida em vez da morte. A tônica da mensagem de Jesus foi de esperança: "O ladrão vem apenas para furtar, matar e destruir; eu vim para que tenham vida, e a tenham plenamente" (João, 10: 10). Alguns trechos do Novo Testamento valorizam o corpo como um templo religioso: "Acaso

---

1 As citações bíblicas deste capítulo foram retiradas de Bíblia (2004).

não sabem que o corpo de vocês é santuário do Espírito Santo que habita em vocês, que lhes foi dado por Deus, e que vocês não são de si mesmos?" (1 Coríntios, 6: 19). Esse templo, na perspectiva da teologia cristã, deve ser fonte de vida, e não de morte.

A realidade da vida, entretanto, é outra. Cristãos também são afetados por distúrbios e problemas emocionais, podendo cometer suicídio. Nesse caso, o que acontece com os indivíduos que tiram a própria vida no que diz respeito à salvação? No entendimento de Sproul (1999), para o cristianismo, o suicídio é um pecado perdoável e há esperança de um suicida alcançar o paraíso caso a ação tenha sido tomada por desespero ou por desequilíbrio emocional profundo. A Igreja Católica recomenda a oração por aqueles que no desespero deram fim à própria vida, enfatizando a possibilidade de arrependimento por meio dos caminhos misteriosos do plano divino (Santa Sé, 1992). Enfim, de modo geral, a Igreja cristã ensina a valorização da vida, e não da morte, porém, em relação a casos extremos, de sofrimento resultando em suicídio, o cristianismo procura levar uma palavra de esperança.

3.1.2 O suicídio no pensamento islâmico

Infelizmente, alguns grupos radicais desvirtuam a mensagem oficial do islamismo. Essa distorção fundamenta-se em uma interpretação errônea do Alcorão. De vez em quando, algum extremista comete suicídio em nome da fé, causando a morte de dezenas de inocentes. Alguns desses ataques têm ocorrido não apenas em países de tradição muçulmana, mas também em algumas nações da comunidade europeia e em outras partes do mundo. Novamente, você deve ter em mente que esses grupos fundamentalistas não representam a mensagem oficial do Islã, sendo facções ou pessoas que agem, na maioria das vezes, de forma independente.

O posicionamento islâmico sobre o suicídio é bastante negativo. De acordo com Toropov e Buckles (2017), a prática é proibida em toda e qualquer circunstância pelo Alcorão. Há uma recomendação nesse livro, advertindo aos fiéis: "não cometais suicídio, porque Deus é Misericordioso para convosco" (Alcorão, 4: 29)[2]. Embora o Islã ensine que o fiel deve abraçar a causa da fé, jamais ensina que a missão deve ser realizada por meios violentos ou suicidas: "Fazei dispêndios pela causa de Deus, sem permitir que as vossas mãos contribuam para vossa destruição" (Alcorão, 2: 195). Conforme observamos nos capítulos anteriores, a *jihad* é semelhante a uma batalha, porém mais relacionada com a guerra contra as próprias inclinações pessoais, e não necessariamente contra o próximo.

3.1.3 O suicídio no pensamento hinduísta e budista

É importante lembrar que nas expressões de fé budista e hinduísta, ocorre a busca pelo ideal da paz e pela preservação da vida. No caso do hinduísmo, há algumas breves exceções em relação ao suicídio. Alguns ramos hindus praticam aquilo que é conhecido como *prayopavesa*, isto é, a prática de o fiel se recusar conscientemente a receber alimentos, acarretando finalmente seu falecimento (Toropov; Buckles, 2017). É um costume permitido somente em caso de pessoas idosas com problemas extremos de saúde física. Mesmo assim, o hinduísmo recomenda que essa prática seja realizada em paz e em serenidade, jamais nutrindo sentimentos de desespero ou de raiva.

Entre os valores preservados na fé budista estão o crescimento pessoal e a busca pela iluminação. Um dos primeiros mandamentos do ensino dessa tradição é a proibição do homicídio. Isso inclui o atentado contra a própria vida, sendo descartada então a prática do

---

2 As citações do Alcorão deste capítulo foram retiradas de Alcorão (2020).

suicídio. Toropov e Buckles (2017) observam que o budismo rejeita o suicídio tendo como argumento razões teológicas, no sentido de que essa prática traria sérias consequências em relação ao carma e à reencarnação da vítima. Devemos lembrar que o processo para alcançar a iluminação ou para atingir o nirvana exige um modo de vida regrado, sendo que o indivíduo deve não apenas cuidar de si, mas também conviver em harmonia e paz com o próximo.

3.2 Quando a morte é desejada: a eutanásia

Entre os assuntos mais discutidos e de grande desafio nos últimos anos, aparece a prática da eutanásia. Os principais veículos de comunicação têm explorado esse assunto em conexão com temas ligados à saúde. A eutanásia pode ser definida como "o ato de matar uma pessoa que esteja sofrendo de doença incurável e excessivamente dolorosa" (Reynolds, 2007, p. 286). Essa prática é realizada quando a morte é o desejo do próprio paciente. Muitas pessoas envelhecem, chegando aos últimos dias de vida com a saúde extremamente debilitada, e o sofrimento recai também sobre os familiares e os cuidadores. Desse modo, elas decidem por cessar a própria vida para evitar mais sofrimento.

No entendimento de algumas pessoas, situações como as mencionadas seriam razões suficientes para a eutanásia, prática que tem ocorrido em vários países, como Holanda, Bélgica e Suíça, por exemplo, muitos deles com legislações bastante completas sobre a questão. No Brasil, a eutanásia é considerada crime punido por lei, podendo os envolvidos encarar pena legal de até 20 anos. Um projeto de lei tramitou no congresso por 17 anos, tendo sido arquivado em 2013 (Neumam, 2016).

No caso de pessoas acometidas por sofrimentos físicos profundos, o que pensam as diversas matrizes religiosas sobre o ato de interromper a vida e o sofrimento, mesmo a pedido do próprio paciente? Veremos sobre isso nos itens a seguir.

3.2.1 A eutanásia no pensamento judaico-cristão

No judaísmo e no cristianismo, há uma forte ênfase teológica sobre a salvação e a preservação da vida. Um dos mandamentos da lei judaica, aceita também pelos fiéis do cristianismo, proíbe claramente a ideia da interrupção da vida: "Não matarás" (Êxodo, 20: 13). O Novo Testamento vai além, enfatizando o ideal do reino de Deus: "Vocês ouviram o que foi dito aos seus antepassados: 'Não matarás', e 'quem matar estará sujeito a julgamento'. Mas eu lhes digo que qualquer que se irar contra seu irmão estará sujeito a julgamento" (Mateus, 5: 2-22). Considerando-se que a eutanásia é um tipo de morte, não há espaço para essa prática nessas duas correntes religiosas.

Na fé judaica, a morte premeditada é contra as leis de Deus. Há uma clara proibição da extinção da vida humana em qualquer situação, e medidas são tomadas também no sentido de impedir que médicos realizem atos ilegais que apressem a chegada da morte (Toropov; Buckles, 2017). Tanto o enfermo quanto os profissionais de saúde não têm autorização para procedimentos dessa natureza. Entretanto, o judaísmo respeita os profissionais da área da saúde, não obrigando a prolongação de tratamentos extraordinários. Há uma certa liberdade nesse sentido, sendo enfatizada, porém, a preservação da vida em primeiro lugar.

O cristianismo compactua desse mesmo posicionamento. A vida é um presente de Deus e somente ele tem o direito de tirá-la ou nela interferir. A prática da eutanásia não recebe nenhum tipo de apoio dessa religião. Entretanto, de acordo com Reynolds (2007, p. 286), no cristianismo é "permitida a administração de drogas para aliviar a dor". Nesse caso, estão em vista drogas lícitas. Ainda, segundo Reynolds (2007, p. 286), "o uso de qualquer droga com a intenção de matar ou de apressar a morte não tem apoio explícito ou implícito". A cultura da morte foi amplamente combatida, recebendo oposição direta do Papa João Paulo II. Portanto, de acordo com o cristianismo, o fiel jamais deve servir como instrumento de morte, ao contrário, a missão de todo cristão é pregar a vida, zelar pela sua qualidade e prolongar a vida do próximo.

3.2.2 A eutanásia no pensamento islâmico

A religião muçulmana se posiciona radicalmente contra a prática da eutanásia, não dando espaço para nenhum tipo de interferência que justifique a morte misericordiosa ou assistida por um profissional da saúde. As escolas teológicas islâmicas entendem que tanto a eutanásia quanto o suicídio são atos que atentam contra a vida humana. Assim, o fiel muçulmano deve trazer à memória que a vida é um presente de Alá e somente ele tem o direito de retirá-la. Desse modo, não são aceitas pelo islamismo tanto a prática do suicídio quanto a moderna ideia da morte pessoal assistida por profissionais da saúde. De acordo com a teologia islâmica:

> Acima de tudo, todos estes pacientes são seres humanos e devesse-lhes [sic] providenciar alimentação e medicamento, até ao seu último alento. No entanto, os sábios estão de acordo sobre a licença de desligar as máquinas que mantêm a vida de um paciente em caso da sua morte clínica. Estas máquinas ajudam os pacientes a respirar e a manter a irrigação sanguínea; mas se estão mortos clinicamente e perderam todos os seus sentidos devido a um dano cerebral, não tem sentido manter o apoio dessas máquinas, devido, também, ao alto custo que essas máquinas têm, e pelo benefício que podem ter para outros pacientes. (Islam Sul BR, 2015)

O sagrado Alcorão recomenda o zelo pela vida, e não a cultura da morte. Para a fé islâmica, conforme o Alcorão, "os seres humanos são os mais nobres de todas as criaturas" (Alcorão, 2: 30)". A vida humana deve ser preservada e propagada. Ainda, segundo o texto sagrado, "quem matar uma pessoa, [...] será considerado como se tivesse assassinado toda a humanidade. E quem salvar uma vida, será considerado como se tivesse salvo [sic] toda a humanidade" (Alcorão, 5: 32)". Conforme os textos citados, o praticante da fé islâmica deve combater a cultura da morte. A mais suprema e nobre missão é a preservação da vida, e não a extinção dela. Esse é o alvo projetado e esperado por Alá.

3.2.3 A eutanásia no pensamento hinduísta e budista

Considerando-se que o hinduísmo é uma religião bastante difusa e com diferentes aspectos teológicos, fica difícil extrair um pensamento uniforme a respeito da eutanásia. O ponto de vista mais popular em relação a essa prática argumenta que ela gera resultados negativos em termos de carma, tanto para aqueles que a solicitam quanto para os profissionais da saúde envolvidos no processo da morte assistida (Toropov; Buckles, 2017). Contudo, há uma corrente de pensamento mais positiva no hinduísmo, argumentando que um médico que auxilie na morte assistida de algum paciente estará cooperando tanto no próprio carma quando no carma daquele que se encontra sofrendo.

No caso do budismo, ainda não há uma definição exata ou posicionamento oficial a respeito da eutanásia. De modo geral, essa religião rejeita a ideia de interferência na caminhada de vida do ser humano e das demais criaturas. Especialmente no budismo, conforme observação de Toropov e Buckles (2017), a interferência no curso natural da vida por meio do suicídio ou da eutanásia acarretará sérias consequências nos eventos futuros relacionados com o processo de iluminação, influenciando o carma pessoal. O ideal é que a vida siga o curso natural, pois, no entendimento de muitos fiéis do budismo, a tentativa da eutanásia pode gerar sérios problemas de ordem clínica e estados depressivos.

3.3 Interrupção da vida: o aborto

O aborto é um dos temas de maior efervescência nos veículos midiáticos. Alguns países têm alterado suas leis, dando permissão legal para essa prática. De acordo com Horn III (2009), o aborto pode ser definido basicamente como o ato da interrupção da gravidez por meio da morte do embrião ou do feto. Ele pode ocorrer de forma espontânea, também conhecida como *parto de natimorto*, em alguns casos, nos primeiros três meses de gravidez. Além disso, há outro tipo de aborto, denominado *aborto induzido*, que pode ser legal ou ilegal, dependendo da legislação local. Desse modo, alguns países mantêm clínicas especializadas na realização de processos abortivos.

A discussão está presente não somente na esfera político-civil, mas também no âmbito religioso. Como as grandes religiões se posicionam em relação à prática do aborto, nesse caso, mais especificamente, o aborto induzido? Historicamente, religiões como o judaísmo e o cristianismo sempre se posicionaram contra essa prática. Nos últimos anos, algumas correntes dentro dessas duas expressões de fé têm reavaliado esse posicionamento, considerado de natureza conservadora, observando que há outras questões envolvidas na realização ou não do aborto.

3.3.1 O aborto na visão judaico-cristã

Na visão judaica, a vida é dom de Deus e o ideal é sempre que ela seja preservada em todas as circunstâncias. Na concepção dessa expressão de fé, a mãe não deve realizar esse procedimento, afinal o feto é considerado um ser vivo, de modo que o aborto só é praticado em casos de risco para a vida da gestante (Toropov; Buckles, 2017). Teologicamente, um feto é considerado uma vida: "Meus ossos não estavam escondidos de ti quando em secreto fui formado e entretecido como nas profundezas da terra. Os teus olhos viram o meu embrião; todos os dias determinados para mim foram escritos no teu livro antes de qualquer deles existir" (Salmos, 139: 15-16).

No entendimento cristão, o aborto é um erro moral e deve ser evitado. Mesmo assim, há graça e misericórdia para aqueles que o tenham praticado:

> Onde houve erro de julgamento e quando houver arrependimento, os cristãos devem continuar a viver e a servir com plena segurança de perdão. Contudo, a disposição permanente do perdão divino sofre flagrante abuso quando é considerado como um direito e usado como base para a violação de princípios cardeais relacionados com a criação e preservação da vida iniciante. Ainda mesmo o desprezo da vontade de Deus e o abuso de sua graça são perdoados em relação àqueles que se arrependem e aceitam o perdão oferecido em Cristo. (Sharlemann, 2007, p. 23)

Como podemos observar, o cristianismo histórico valoriza a cultura da vida, e não da morte. De acordo com o *Dicionário de ética cristã*, essa fé se opõe ao aborto por considerar que a vida é um dom de Deus; os seres humanos foram criados para a vida eterna; a vida humana foi criada para a realização; e a vida e a morte pertencem à alçada de Deus (Sharlemann, 2007). Entretanto, alguns ramos do cristianismo, principalmente aqueles de tendência mais progressista, permitem o aborto em caso de risco à saúde da mãe. De modo geral, o que prevalece é o posicionamento de que o aborto é algo impensável, salvo aquelas exceções envolvendo a vida da mãe, conforme vimos.

3.3.2 O aborto na visão islâmica

Como já notamos, a vida é sagrada para a fé islâmica. Há certa preocupação com a gestante, de modo que, no período do Ramadã, o jejum oficial muçulmano, uma mulher grávida pode até mesmo ser dispensada da prática caso a saúde do bebê ou a dela esteja em risco. A religião islâmica tem um posicionamento bastante próximo do pensamento judaico-cristão sobre o aborto, permitindo a realização dessa prática apenas em casos de risco para a gestante. Nas comunidades islâmicas mais progressistas, principalmente em países da Europa e em outras partes do mundo ocidental, o aborto é permitido em casos de estupro ou de algum tipo de violência sexual.

O sagrado Alcorão ensina que todos os fiéis devem preservar a vida dos filhos. Mesmo em situações de extrema pobreza, em hipótese alguma os pais devem tirar a vida de seus descendentes: "Não mateis vossos filhos, por temor à necessidade, pois Nós os sustentaremos, bem como a vós. Sabei que o assassinato deles é um grave delito" (Alcorão, 17: 32). As correntes mais tradicionais dentro do mundo muçulmano não permitem o aborto sob nenhuma circunstância. Por exemplo, em caso de violência sexual acarretando gravidez, a recomendação é de simpatia e cuidado pela vítima, mas nunca o aborto da nova vida. Assim, para o fiel islâmico dessa corrente mais conservadora, matar a crianças não é a solução, mesmo que a situação seja difícil para a mãe.

3.3.3 O aborto na visão hinduísta e budista

A preservação da vida de todas as espécies é parte do ensino teológico oficial do hinduísmo e do budismo. A ênfase religiosa recai sobre a vida humana, sendo, porém, estendida para a das outras espécies, incluindo os pequenos seres vivos. Conforme o entendimento dessas duas correntes religiosas, algum parente próximo, ao experimentar o processo de reencarnação, pode renascer não somente na espécie humana, mas também na vida animal de modo geral. Desse modo, a preservação da vida têm sido um dos mais importantes aspectos das fés hindu e budista diante da cultura da morte.

No hinduísmo o termo específico em relação à prática do aborto é *garha-batta*, também conhecido como "morte no ventre". A maior parte dos textos teológicos no hinduísmo – Vedas e Upanixades –, condenam a morte no ventre. No caso do budismo, o próprio fundador (Buda) condenou a prática do aborto, tendo recomendado isso a seus seguidores, principalmente aos monges, por meio de instrução oficial (Toropov; Buckles, 2017). Até mesmo os abortos espontâneos têm uma causa religiosa para a teologia budista, pois podem estar relacionados com o carma negativo em vidas passadas; a morte na condição de feto seria uma espécie de purificação evolutiva.

Indicação cultural

SUICÍDIO: assunto urgente. Direção de Má Âmbar. Valinhos: Rede Século XXI, 2018. 61 min. Documentário. Disponível em: <https://www.youtube.com/watch?v=ZPjrsnYDvKc>. Acesso em: 118 fev. 2020.

Esse documentário produzido pela Rede Século 21 aborda o terrível problema do suicídio, principalmente entre os jovens. A produção busca mostrar as possíveis causas que levam a essa ação. Também traz conselhos visando contribuir para a prevenção do suicídio.

Síntese

O mundo mudou, trazendo diferentes visões e comportamentos em relação aos grandes problemas da vida. Essas mudanças têm proporcionado uma série de debates e desafios para as diferentes matrizes religiosas. As discussões e as disputas envolvendo temas como suicídio, eutanásia e aborto têm ocorrido de modo frequente. Esses temas não estão restritos ao mundo político ou social, respingando e desafiando perspectivas e conceitos religiosos. Diante dessa observação, neste capítulo procuramos buscar respostas sobre os posicionamentos das grandes religiões diante dessas importantes questões.

O suicídio tem sido um sério e difícil problema do mundo pós-moderno. Considerado um problema de saúde pública, tem crescido nos últimos anos, principalmente entre os jovens. Nesse contexto, observamos que as religiões são negativas em relação ao fato de uma pessoa dar fim à própria vida, por considerarem a vida um presente. Outra questão bem próxima envolve o exercício da eutanásia, sendo que a morte também ocorre por escolha do paciente. Normalmente, essa decisão é tomada diante de um quadro de saúde com sofrimento, quando não há mais esperança de recuperação. Para a maioria das matrizes religiosas, a eutanásia deve ser evitada. Para a maioria das religiões, deve prevalecer a cultura da vida, e não a cultura da morte.

Atividades de autoavaliação

1. O que as pesquisas recentes têm apontado sobre o número de suicídios no Brasil e nos Estados Unidos? Houve um aumento de 50% nos últimos 30 anos.
   A) Houve um aumento de 10% nos últimos 10 anos.
   B) Houve um aumento de 5% nos últimos 12 anos.
   C) Houve um aumento de 20% nos últimos 10 anos.
   D) Não ocorreu um aumento significativo.
2. Fundamentado nas escrituras sagradas, qual é a mensagem do judaísmo sobre o suicídio?
   A) O judaísmo é indiferente quanto ao suicídio.
   B) O judaísmo permite o suicídio em casos específicos.
   C) O judaísmo condena o suicídio.
   D) O judaísmo autoriza o suicídio como forma de sacrifício.
   E) Nenhuma das alternativas anteriores.

3. De acordo com as crenças católicas, há esperança para aqueles que cometem suicídio?
   A) Não, afinal é um pecado mortal.
   B) Sim, pois trata-se de uma fraqueza humana e Deus tem meios para salvar um suicida.
   C) A Igreja Católica tem como ensino básico a preservação da vida e condena o suicídio.
   D) Há divisão na Igreja Católica quanto ao suicídio.
   E) Nenhuma das alternativas anteriores.
4. Em relação ao termo *prayopavesa*, assinale a resposta correta:
   A) É a proibição do suicídio sob qualquer circunstância.
   B) É uma prática hindu envolvendo a recusa do consumo consciente de alimentos.
   C) É um termo judaico sobre a proibição do suicídio.
   D) É um termo que não carrega nenhum mandamento ou proibição.
   E) Nenhuma das opções anteriores.
5. Qual é o significado do termo *eutanásia*?
   A) Preservação da vida em qualquer circunstância.
   B) Refere-se à prática de tirar a própria vida por questões de crenças.
   C) *Eutanásia* é o ato de pôr fim à vida de uma pessoa que esteja sofrendo por causa de alguma situação dolorosa.
   D) É um costume comum nas religiões orientais.
   E) Nenhuma das alternativas anteriores.

Atividades de aprendizagem

Questões para reflexão

1. Por que o judaísmo proíbe o aborto? Escreva um pequeno texto reflexivo sobre a questão.
2. Em quais situações algumas correntes no cristianismo permitem o aborto? Você concorda?
3. Você concorda com a perspectiva do islamismo sobre o aborto? Justifique sua resposta.

Atividade aplicada: prática

1. Diário de bordo

    Continue utilizando o arquivo de texto como diário de bordo e registre as seguintes informações deste capítulo:

    - Os fatos que você considera os mais importantes para seu aprendizado.
    - As questões éticas com as quais você teve mais dificuldade de concordância.

4 RELIGIÃO E QUESTÕES SOCIAIS

Neste capítulo, abordaremos grandes temas sociais na perspectiva das diversas matrizes religiosas. Em pleno século XXI, ainda persistem alguns antigos problemas de natureza política e social. Por exemplo, ainda há religiões em que é comum a violência em nome de Deus ou de outra divindade. Ainda têm ocorrido guerras e outros conflitos por questões de escolha e/ou de imposição religiosa. Em alguns casos, isso ocorre por parte de uma maioria sobre uma minoria. Porém, também há casos de grupos armados que, mesmo sendo uma minoria, impõem certas restrições e até mesmo violência contra uma maioria.

Historicamente, muitos grupos religiosos acabaram por se envolver em conflitos geradores dos mais variados tipos de violência. Não há como mudar o passado, mas a história pode ser revisada, no intuito de que não sejam cometidos os mesmos erros. Por vezes, a violência ocorre não somente contra seres humanos, envolvendo os demais seres vivos de modo geral e a natureza. O meio ambiente é agredido e o reino animal é devastado. Como as religiões reagem diante dessas questões sociais? Neste capítulo, buscaremos respostas para esses importantes temas.

4.1 Liberdade e tolerância religiosa

Liberdade é a mais importante das conquistas do ser humano. Não somente política e religiosa, mas também em relação a questões básicas da vida. Por exemplo, o direito de ir e vir; o direito de escolher o que vestir; o direito de comer o que gosta; o direito de escolher os representantes políticos. Enfim, o direito à liberdade de pensamento é um bem inalienável na vida do cidadão no século XXI. Agora, dentro daquilo que propomos neste livro, gostaríamos de pensar na liberdade religiosa, ou seja, o direito de cada pessoa praticar livremente a própria religião, seja na vida particular, seja em comunidade. Infelizmente, em muitos países, esse direito tem sido cerceado.

A liberdade está relacionada ao conceito "segundo o qual os humanos determinam livremente seu próprio comportamento e nenhum fator ou causa externa pode ser adequadamente responsabilizado por suas ações" (Erickson, 2011, p. 115). Liberdade religiosa, por sua vez, é o direito de "adorar de acordo com as próprias convicções e consciência, sem coerção política ou de outra ordem" (Erickson, 2011, p.115). Olhando essas duas definições, entendemos que liberdade e tolerância religiosa andam de mãos dadas. Em muitas situações, o cerceamento de uma conduz à restrição da outra.

4.1.2 Liberdade e tolerância religiosa na história

O ponto que nos interessa é a questão da liberdade para a prática das diversas expressões de fé conforme o entendimento de cada religião. Infelizmente, conforme observa Wood (2009), ao longo da história não tem havido um bom relacionamento entre algumas religiões e a liberdade religiosa, ou a tolerância religiosa, de modo que milhares de pessoas já foram perseguidas e em alguns casos perderam as vidas nesses conflitos. É importante lembrar que nos últimos anos tem avançado o direito da liberdade e da tolerância religiosa, por meio de leis constitucionais aprovadas por diversos governos. Contudo, em alguns países tem ocorrido o contrário, com crenças sendo perseguidas pelo Estado. Algumas vezes até mesmo religiões maiores têm perseguido outros grupos religiosos menores.

Na história, algumas religiões estiveram atreladas à soberania política de determinados Estados, sendo alçadas, desse modo, a religiões estatais. Em alguns casos, quando uma nação professava uma crença oficial, outras expressões de fé eram proibidas. Casos de desobediência poderiam ser considerados insubordinação e até mesmo traição, algumas vezes tendo como punição a morte. Por exemplo, Sócrates, na Grécia Antiga, foi acusado de subverter a fé dos jovens, sendo obrigado a beber uma taça de veneno como punição. Na época do Império Romano, muitos cristãos foram perseguidos de forma extrema devido à recusa em prestar adoração ao imperador.

O histórico de casos de intolerância religiosa é uma mácula na civilização:

> Durante vários milhares de anos, a história da religião tem sido marcada pela intolerância, que claramente não se restringiu a uma única época ou a uma só religião. Exemplos incluem: a perseguição dos adeptos de Amom por Akhenaten (Amenofis IV), dos cananitas pelos israelitas, de Jesus e dos cristãos primitivos pelos romanos, dos budistas pelos xintoístas, dos sufis pela ortodoxia islâmica, dos hereges e dos judeus pelos cristãos, dos protestantes pelos católicos e dos católicos pelos protestantes, dos anabatistas por Martinho Lutero, dos sectários religiosos pelas igrejas protestantes oficializadas (no Velho Mundo e no Novo), de "bruxas" e quacres pelos puritanos na antiga Massachusetts e, quando a religião oficial se une com o poderio político, dos dissidentes religiosos

pelos literalistas religiosos, como no Irã dos nossos dias. (Wood, 2009, p. 539)

Algumas mudanças quanto ao direito à liberdade religiosa começaram a ocorrer com o advento do Iluminismo, da Revolução Francesa e da modernidade. Desde então, ideias relacionadas à liberdade individual têm ganhado novo impulso e novos contornos. Graças aos textos constitucionais elaborados em países democráticos, a tolerância religiosa passou a ser um direito constitucional para o cidadão dos tempos modernos. Entretanto, focos de resistência e intolerância ainda persistem em diversas regiões do planeta. Esses casos de extremismo têm acarretando perseguições severas e até execuções por parte de alguns grupos radicais.

O problema da intolerância religiosa foi discutido no documento *Liberdade religiosa no mundo: relatório 2016 – sumário executivo* (Fundação Pontifícia ACN, 2016). Nesse texto, são apontadas as principais causas, os focos e os países onde têm ocorrido perseguições. De acordo com o documento, para muitas pessoas, a liberdade religiosa representa um divisor de águas entre a vida e morte. Algumas das conclusões do relatório são preocupantes (Fundação Pontifícia ACN, 2016):

- Dos 23 países onde havia violações, em 11 deles a liberdade religiosa caiu ainda mais.
- Nos 38 países com violações mais acentuadas, não ocorreram mudanças.
- Em alguns países, nem sempre a perseguição vem por parte do governo, mas de poderes paralelos, como grupos fundamentalistas.
- Ataques de grupos radicais têm acontecido não somente nos países de origem desses grupos, mas também na França, na Suécia, no Reino Unido, na Alemanha, entre outros países.

Grande parte de perseguições e de outros tipos de intolerância tem sido executada por extremistas radicais islâmicos. É importante frisar que esses grupos, como o Estado Islâmico, por exemplo, não representam o pensamento oficial da religião que eles dizem representar. Casos de intolerância ocorrem até mesmo por meio de grupos religiosos pacíficos, como o caso de violência causada por ataque de budistas a uma loja de chá em Mandalay, a segunda maior cidade de Mianmar, deixando como resultado vários feridos e alguns mortos (Fundação Pontifícia ACN, 2016). São reações extremadas de certas facções religiosas em relação àqueles que praticam outra crença. Devemos reconhecer esses focos de violência, cuidando, porém, de não vincular casos isolados com as religiões oficiais.

4.1.3 Liberdade e tolerância religiosa: aspectos legais

Como observamos, liberdade e tolerância religiosa são aspectos básicos da civilização humana. É direito de cada cidadão praticar individualmente ou coletivamente algum tipo de crença espiritual sem a interferência de outros ou do Estado. Gaarder, Hellern e Notaker (2005) observam que a tolerância religiosa pode perfeitamente existir junto com a liberdade da pregação visando à conversão de outros a determinada expressão de fé, entretanto, sem imposição ou zombaria. Nos países onde há liberdade religiosa e tolerância, pessoas de religiões diferentes convivem de modo harmonioso e respeitoso. Isso é resultado dos direitos legais concedidos não somente pela Organização das Nações Unidas (ONU), mas também por constituições das várias nações. De acordo com o art. 18 da Declaração Universal dos Direitos Humanos de 1948:

Toda a pessoa tem direito à liberdade de pensamento, de consciência e de religião; este direito implica a liberdade de mudar de religião ou de convicção, assim como a liberdade de manifestar a religião ou convicção, sozinho ou em comum, tanto em público como em privado, pelo ensino, pela prática, pelo culto e pelos ritos. (ONU, 1948)

Essa declaração foi reafirmada na Conferência de Helsinque, na Finlândia, em 1976. De acordo com o *Dicionário básico das religiões*, "Este direito implica a liberdade de dar testemunho da sua religião e das suas convicções, de forma individual e coletiva, em público ou em privado, pelo ensino, pela vida, pelo culto e pela observância de ritos" (Santidrián, 1996, p. 300). O Vaticano, por meio da declaração *Dignitatis Humanae*, observa que liberdade e tolerância religiosa estão fundamentadas na dignidade do ser humano, sendo assim um patrimônio da humanidade (Papa Paulo VI, 1965). No contexto nacional, a Constituição brasileira de 1988 garante ampla liberdade religiosa, conforme redação do art. 5º, inciso VI (Brasil, 1988).

4.2 Religiões, violência e guerras

Basicamente, a ideia de guerra envolve um conflito armado contra alguma força. A história tem registrado inúmeros conflitos e, lamentavelmente, muitos deles relacionados com questões religiosas. Guerras destroem famílias, acervos culturais, riquezas, cidades e outras importantes conquistas das nações envolvidas. Nosso objetivo neste tópico não é apresentar um levantamento dessas guerras no decorrer da história; propomos apenas analisar o posicionamento das grandes religiões sobre o problema das guerras.

> **IMPORTANTE!**
> Você sabia que um dos períodos mais insensatos da história foram as Cruzadas? Elas começaram em 1095 d.C. como uma tentativa de libertar Jerusalém das mãos dos muçulmanos. Infelizmente, o que ocorreu foi um grande desastre. A suposta "guerra santa" em forma de conflito militar deixou milhares de mortos e feridos de ambos os lados, cristãos e muçulmanos. Sem contar os abusos e as violências contra crianças, mulheres e idosos (Shelley, 2004).

4.2.1 Violência e guerras no entendimento judaico

Guerras são parte da história do povo judeu. De início, a nação israelense esteve envolvida em conflitos armados. A chegada à Palestina e a invasão dessa região por Josué em torno do ano 1200 a.C. ocorreu sob o fio da espada, acarretando a morte dos povos que habitavam o local, a maioria deles conhecidos como *cananeus*. Para Israel, tratava-se da conquista visando à posse da terra, conforme ela havia sido prometida ao patriarca Abraão. Como esse era o entendimento aceito, justificava-se, desse modo, a guerra armada "em nome de Deus".

De acordo com o *Dicionário Ilustrado da Bíblia*, o que estava envolvido era o conceito de guerra santa:

> Sob a perspectiva do povo hebreu, uma guerra santa era aquela que o próprio Deus declarava, liderava e vencia. O conceito estava no auge durante o período dos juízes. Na época do reino unido de Davi e Salomão, no entanto, questões políticas começaram a obscurecer o conceito de guerra santa. Os profetas viam a guerra como o juízo de Deus contra Israel [...]. (Youngblood, 2004, p. 631)

Para o judaísmo moderno, guerras são ações válidas, dependendo das circunstâncias políticas e sociais. Não se deve fazer guerra por motivos fúteis. Para o judaísmo, o ideal é a busca pela paz e pela harmonia entre os povos. O profetismo judaico prevê uma era de paz: "Ele julgará entre as nações e resolverá contendas de muitos povos. Eles farão de suas espadas arados, e de suas lanças foices. Uma nação não mais pegará em armas para atacar outra nação, elas jamais tornarão a preparar-se para a guerra" (Isaías, 2: 4I)[1].

Para o judaísmo, conforme já destacamos, o ideal é busca pela paz, evitando conflitos armados. As guerras são encaradas positivamente ou negativamente. Por exemplo, por um lado, conflitos com o propósito de conquista ou de opressão de povos vizinhos devem ser evitados a todo custo; por outro, a religião judaica entende que a guerra é uma realidade quando, partindo de outras nações, há violência ou tentativa de invasão territorial. Um ponto interessante no pensamento judaico, conforme ensina o Talmude, indica que, em tempos de conflitos, jamais devem ocorrer ataques a cidadãos da comunidade civil, os quais devem receber a oportunidade para deixarem as zonas de combate (Toropov; Buckles, 2017).

4.2.2 Violência e guerras no entendimento cristão

A mensagem do cristianismo preza pela paz entre os povos. Entretanto, como já observamos, ocorreram guerras envolvendo a fé cristã. Deve ficar bem claro que Cristo e os apóstolos ensinaram o ideal da paz. Infelizmente, seus seguidores nem sempre praticaram esse ideal, envolvendo-se muitas vezes em conflitos em nome de Deus, como o caso das Cruzadas, por exemplo. Apesar dos desvios na história, o cristianismo tem sido uma religião que prega a paz e a harmonia, não somente entre os seguidores dessa religião, mas entre os povos de modo geral. Jesus trouxe uma mensagem

---

1 As citações bíblicas deste capítulo foram retiradas de Bíblia (2004).

de paz: "Deixo-lhes a paz; a minha paz lhes dou. Não a dou como o mundo a dá" (João, 14: 27).

> **PRESTE ATENÇÃO!**
>
> Você sabia que os primeiros cristãos sofreram todo tipo de violência nas mãos dos imperadores romanos? O cristianismo nasceu como uma seita dentro do judaísmo. O Império Romano tolerava como religião o judaísmo, mas não o cristianismo. Os primeiros cristãos foram perseguidos pelos próprios judeus. O apóstolo Paulo, por exemplo, era um perseguidor do cristianismo antes da própria conversão. Mais tarde, os cristãos se espalharam pelo Império Romano, e logo começaram as perseguições e a violência. Os imperadores eram considerados deuses e os cristãos não prestavam culto a eles, somente a Deus – esse fato desencadeou uma onda de perseguição contra o cristianismo por parte dos imperadores (Shelley, 2004).

Sabemos que o *Sermão da montanha* é um dos mais belos textos da literatura religiosa. Nesse discurso atribuído a Jesus, há instruções sobre oração, casamentos, jejum, família, negócios, entre outros temas. Propositalmente, as primeiras palavras do sermão tratam da felicidade conforme a perspectiva do reino de Deus: "Bem-aventurados os pacificadores, pois serão chamados filhos de Deus" (Mateus, 5: 9). Entretanto, a realidade histórica do cristianismo nem sempre seguiu o curso idealizado por Cristo e os apóstolos.

Assim, o ideal do reino de Deus na prática nem sempre ocorreu, pois diversas vezes cristãos convictos foram obrigados a participar de conflitos armados. Muitos praticantes do cristianismo têm se perguntado se é correta a participação em guerras, e há divergência quanto a esse tema. De acordo com Geisler (2010), o **ativismo** entende que o cristão sempre deve obedecer ao Estado mesmo e casos de guerras; contudo, o **pacifismo** é contrário à participação em guerras em toda e qualquer situação. Há um certo antagonismo nesses dois posicionamentos.

Entretanto, há uma terceira via, uma posição intermediária ao ativismo e ao pacifismo. Trata-se do **seletivismo**, um posicionamento que busca o equilíbrio, argumentando que algumas guerras têm justificativas, sendo desse modo aceitável a participação do cristão nelas (Geisler, 2010). Algumas das situações em que a guerra é permissível são as seguintes, ainda conforme Geisler (2010):

- guerra que envolva a defesa de pessoas inocentes;
- guerra realizada em prol da justiça maior, como conter um grupo radical;
- guerra envolvendo meios justos, ou seja, sem uso de meios químicos ou torturas;
- guerra apenas quando outras tentativas de resolução para a paz fracassarem.

Enfim, para o cristianismo, o ideal é que o ser humano siga pelo caminho da paz, embora isso nem sempre tenha ocorrido, como já observamos. No entanto, sempre é tempo de mudanças e de abraçar novas perspectivas de um mundo mais justo e sem conflitos. Desse modo, o cristianismo do século XXI deveria olhar com atenção o exemplo do pacifismo da igreja primitiva; buscar também inspiração no humanismo cristão e no exemplo dos anabatistas, cuja mensagem era a busca pela paz e a não resistência. Nos casos em que se esgotem as tentativas de estabelecimento da paz, medidas difíceis certamente devem ser tomadas. Porém, sempre tendo como base o conceito do **seletivismo**.

4.2.3 Violência e guerras no entendimento islâmico

Infelizmente, a visão da maioria das pessoas sobre o islamismo tem sido manchada pela onda de violência praticada por grupos radicais ligados a essa tradição. Devemos lembrar que são várias as correntes religiosas na fé muçulmana. Há outro fator que deve ser levado em consideração: dentro de cada tradição, como a sunita ou a xiita, há pessoas agindo por própria conta, nem sempre comprometidos com a paz. O que precisa ficar claro é que os ataques em nome de Alá não representam o pensamento oficial islâmico. É preciso desvincular uma coisa da outra. Nos países ocidentais, por exemplo, judeus, cristãos e muçulmanos têm convivido em paz e harmonia por décadas.

Após a tragédia no ataque às Torres Gêmeas do World Trade Center, em Nova York, orquestrado por radicais, cresceu o interesse em se conhecer o islamismo. Infelizmente, o pensamento surgido desse evento é equivocado, como se o ataque estivesse diretamente conectado ao islamismo oficial.

> Contudo, os eventos de 11 de setembro de 2001 chamaram nossa atenção. Como a maioria dos outros americanos, tivemos um desejo repentino de descobrir o máximo que pudéssemos sobre os muçulmanos. Escutamos notícias sobre o Afeganistão, onde os americanos eram os alvos da guerra santa. Os militantes muçulmanos se referiam a nós [...] como infiéis que deveriam ser varridos da face da terra, conforme os ensinamentos de Maomé. Outros muçulmanos, porém, proclamavam que o islamismo era uma religião de paz e que os ataques terroristas eram obras dos islâmicos fundamentalistas, que estavam pervertendo os verdadeiros ensinamentos da fé muçulmana. (Jantz; Bickel, 2005, p. 72)

Nesse contexto, o conceito da *jihad* não tem sido bem entendido por aqueles que estão fora do islamismo oficial. O sentido da palavra *jihad* indica basicamente "luta". Mas luta contra o que e em que sentido? Teologicamente, trata-se da luta contra o "eu", a luta contra a raiva, a ganância e outros males que rodam a vida do fiel. A *jihad* não ocorre uma única vez na vida de um muçulmano convicto. Ela perpassa sua existência na batalha contra o egocentrismo. Enfatizamos, novamente, que uma minoria dentro do Islã tem uma compressão diferente, levando essa guerra para o lado fundamentalista, aplicando o conceito da *jihad* na luta armada contra judeus, cristãos e ocidentais de modo geral.

Sobre a guerra, Abu Bakr, o primeiro califa após a morte de Maomé, mesmo em um contexto de guerra, elaborou algumas orientações sobre comportamento no campo de batalha, conforme apontam Toropov e Buckles (2017):

- não cometer traição nem se desviar do caminho correto;
- nunca cometer mutilação contra um cadáver;
- em hipótese alguma matar uma criança, uma mulher ou um idoso;
- não depredar a vegetação, principalmente as árvores frutíferas;
- nunca matar os bois do inimigo;
- em caso de encontrar algum adepto da vida monástica, deixar essa pessoa seguir em paz.

É claro que não podemos ignorar que alguns trechos do Alcorão fazem referência à violência, mas esse não um problema apenas desse livro. A Bíblia Sagrada, principalmente no Antigo Testamento, apresenta algumas passagens que falam das guerras em nome do Senhor. O ponto principal nessas questões é a interpretação desses trechos dentro do contexto da época em que foram escritos. Cabe, nesse caso, uma exegese nos textos originais, pois uma interpretação errada pode gerar sérias consequências. Isso já ocorreu no desenvolvimento histórico de diversas religiões. Desse modo, o islamismo oficial deve lutar para que prevaleça entre todos os muçulmanos um dos mais belos atributos de Alá: a misericórdia. Que haja paz.

4.2.4 Violência e guerras no entendimento hinduísta e budista

A sociedade, de modo geral, vê na prática de seguidores do hinduísmo e do budismo uma imagem de paz, serenidade, meditação e crescimento humano. De fato, esse é o ideal nessas duas religiões e, na maioria das vezes, tem sido a prática de seus seguidores. Porém, há casos de intolerância mesmo entre esses religiosos.

Em 2015, devido à ação de perseguição por um número reduzido de monges budistas radicais, milhares de muçulmanos precisaram deixar Mianmar. No ano de 2002, aproximadamente 200 pessoas morreram em conflitos entre hinduístas e muçulmanos, movidos por radicalismo (ACN Brasil, 2018). Novamente, precisamos ter claro que essas religiões não pregam a violência como ensino oficial. Infelizmente, esses atos são resultados de radicalismo e de reações de extremistas dentro desses grupos religiosos.

O ideal hinduísta é a prática do pacifismo. A todo custo se deve evitar a violência de qualquer natureza. Entretanto, o hinduísmo reconhece o direito da legítima defesa e de procedimentos humanitários em tempos de guerras, por exemplo, não atacar idosos, mulheres e crianças (Toropov; Buckles, 2017). Teologicamente, no caso dessa religião, a guerra é indefensável. O ideal da paz deve permear a vida de todos os seus seguidores. A mensagem hindu, sobre violência e guerra, repousa no conceito de *ahimsa*, ou seja, a busca por evitar a violência contra qualquer ser vivo, tanto pessoas quanto animais.

No budismo, salvo casos isolados como as ocorrências citadas anteriormente, a busca pela paz é a prioridade em todas as situações. Nos escritos budistas, não há referência teológica alguma justificando a violência ou a guerra. Conforme observação de Toropov e Buckles (2017), quando comparado com outras religiões, o budismo tem o melhor exemplo de não violência e promoção da paz como ideal de vida. Conta-se uma história atribuída a Buda que diz que mesmo que um fiel budista esteja sendo serrado ao meio, não poderá ser um seguidor legítimo se mantiver em mente os sentimentos de vingança e de hostilidade (Toropov; Buckles, 2017).

4.3 Religião e meio ambiente

Uma das grandes preocupações no mundo moderno está relacionada à preservação do meio ambiente. Esse é um tema atual nas manchetes dos grandes jornais, dos canais de TV e das discussões via internet. Mudanças radicais têm ocorrido no clima nos últimos ano: secas prolongadas, frio ou calor extremos e outros tipos de desajustes naturais. Sabemos que parte desses problemas é resultado da ação humana, como o desmatamento e a poluição. Desse modo, qual o papel das religiões no cuidado como o meio ambiente? O que cada religião pensa sobre esse importante assunto? Vejamos a seguir o posicionamento das matrizes religiosas.

4.3.1 Judaísmo e meio ambiente

O judaísmo é extremamente cuidadoso com o meio ambiente, pois, na teologia judaica, a Criação é um presente de Deus para a humanidade. Desse modo, o homem tem a obrigação de cuidar do planeta da melhor maneira possível. Lembramos que a teologia judaica repousa sobre os princípios do Antigo Testamento, principalmente a Lei de Moisés. O primeiro e segundo capítulos do livro do Gênesis trazem a bela narrativa da Criação no conceito da fé judaica. Após a formação de todas as coisas, é dito: "E Deus viu tudo o que havia feito, e tudo havia ficado muito bom" (Gênesis, 1: 31). O resultado da Criação foi do agrado de Yahweh. Tudo foi considerado belo.

A humanidade desempenha um importante papel no cuidado da terra e dos animais no pensamento ecológico judaico:

> O princípio da sustentabilidade estava presente na cultura dos antigos hebreus, eles vivenciavam uma ética ecológica, viviam numa sociedade agrária e se dedicavam fielmente à preservação da natureza com responsabilidade para as futuras gerações. Eles cultivavam o conceito de que a natureza pertence a Deus e que os povos devem zelar e usar com sabedoria os recursos naturais. Um grão de arroz, uma folha de papel, um copo de água, devem ser tratados com sabedoria, isso reflete que o pensamento judaico sobre o não desperdício, mensagem básica do Talmude que se aplica ao meio ambiente e demais áreas da vida, não é apenas uma questão econômica, se trata também de espiritualidade. (Donato, 2009)

A preocupação com a preservação do planeta aparece de modo bastante claro e objetivo nas palavras de Yahweh: "O Senhor Deus colocou o homem no jardim do Éden para cuidar dele e cultivá-lo" (Gênesis, 2: 15). A preservação não está restrita ao mundo vegetal, há também a preocupação com a vida animal: "Se você vir o jumento ou o boi de um israelita caído no caminho, não o ignore. Ajude-o a pôr o animal em pé" (Deuteronômio, 22: 4). O modo correto relacionado ao saneamento básico aparece no texto sagrado: "Determinem um local fora do acampamento onde se possa evacuar [...] tenham algo com que cavar, e quando evacuarem, façam um buraco e cubram as fezes" (Deuteronômio, 23: 12-13).

4.3.2 Cristianismo e meio ambiente

A religião cristã compartilha com o judaísmo os mesmos valores e cuidados pela criação e pela preservação do meio ambiente. Embora a mensagem central no cristianismo seja a redenção da humanidade em estado de queda e de pecado original, algumas passagens bíblicas do Novo Testamento remetem à ideia da Criação sendo restaurada. Para o apóstolo Paulo, "A natureza criada aguarda, com grande expectativa [...] ela foi submetida à futilidade [...] na esperança de que a própria natureza criada será libertada da escravidão da decadência em que se encontra" (Romanos, 8: 19-21). Na teologia paulina há esperança de redenção para além das fronteiras da humanidade, alcançando até mesmo a restauração da natureza e do cosmos em geral.

O cristianismo prega e aguarda o futuro reino de Deus na terra. Entretanto, esse reino começa a ser construído aqui, por meio da preservação ambiental e do cuidado com a diversidade vegetal e animal. A humanidade está encarregada de um mandato cultural, ou seja, ela deve agir como administrador do ecossistema. Hoekema (2010), teólogo de tradição cristã reformada, elenca algumas atitudes e valores da ecologia cristã:

- prevenir a erosão do solo;
- salvar as florestas da destruição temerária;
- cuidar em relação ao uso irresponsável da energia;
- evitar a poluição de rios e lagos;
- precaver-se da poluição do ar;
- cuidar da terra e de tudo o que há nela e promover tudo o que venha a preservar a utilidade e a beleza dela para a glória de Deus.

Como observamos, tanto no judaísmo quanto no cristianismo tudo foi originalmente bom e belo na Criação. As duas religiões recomendam o cuidado e a preservação da terra, a casa comum da humanidade. Os desastres ecológicos e a exploração devem ser evitados. Na escatologia cristã – doutrina relacionada aos eventos finais da história –, há uma advertência do juízo divino sobre aqueles que depredam o meio ambiente: "As nações se iraram; e chegou a tua ira. Chegou o tempo de julgares os mortos e de recompensares os teus servos, os profetas, os teus santos e os que temem o teu nome, tanto pequenos como grandes, e de destruir os que destroem a terra" (Apocalipse, 11: 18).

4.3.3 Islamismo e meio ambiente

Para o islamismo, a preservação ambiental está também relacionada com a criação por parte de Alá. Tudo vem das mãos do Criador e deve refletir boa ordem e preservação. Conforme o Alcorão, foi "Allah foi Quem criou os céus e a terra e é Quem envia a água do céu, com a qual produz os frutos para o vosso sustento" (Alcorão, 14: 32)[2]. Tudo foi criado para o bem, o sustento e a vida da humanidade. O que vem da terra deve ser utilizado de modo consciente. Por exemplo, por ser um bem comum, a água deverá ser compartilhada entre os homens (Alcorão, 54: 28). A água representa a fonte da vida tanto material quanto espiritual.

A preocupação ambiental no islamismo remonta aos tempos do profeta Maomé:

> O profeta Muhammad (que a bênção e a paz de Deus estejam sobre ele) delimitou uma área de 12 milhas, um cinturão em torno da cidade de Madina, como reserva ambiental, onde era proibido cortar árvores ou matar animais. Ele fez o mesmo em um vale chamado Wajj, na cidade de Taif, também na Arábia Saudita. Portanto, a chamada "consciência ambiental", que todos acreditam ser um legado do mundo contemporâneo, já faz parte da vida dos muçulmanos há 14 séculos. (Isbelle, 2012)

---

2   As citações do Alcorão deste capítulo foram retiradas de Alcorão (2020).

No islamismo, assim como ocorre em outras religiões, a preservação ambiental na prática nem sempre ocorre conforme o recomendado. Essa é uma realidade em alguns países muçulmanos de tradição árabe, onde há exploração de petróleo e outros recursos minerais. A ganância e a busca pelo poder têm gerado sérios problemas, prejuízos e desajustes ao meio ambiente. Apesar desse desequilíbrio, devemos enfatizar que, para o islamismo, a humanidade deve ser a guardiã e protetora do meio ambiente, afinal, tudo vem da boa mão de Alá. Assim, o princípio da proteção da biodiversidade continua refletindo a boa e providente criação de Deus.

4.3.4 Hinduísmo, budismo e meio ambiente

O cuidado pela vida e a preservação ambiental fazem parte também da teologia e do ideal de vida hinduísta e budista. Principalmente no hinduísmo, há uma preocupação com todas as formas de vida. Na fé hindu, conforme observa Ribeiro (2015), todos os seres vivos são importantes, pois desempenham papéis estabelecidos, de modo que, quando há falha, interrupção ou mudança desses papéis, ocorrem então desequilíbrios ecológicos. Quando não há o cuidado adequado com a vida, ocorre a necessidade da reencarnação, às vezes em outras espécies de vida animal.

O budismo é uma religião altamente preocupada com a preservação do meio ambiente. A própria imagem de Buda sentado debaixo de uma àrvore tornou-se uma figura simbólica no pensamento ecológico. De acordo com Ribeiro (2015), não somente as criaturas cooperam para o equilíbrio, mas também o Sol, a Lua e as estrelas coexistem em certa harmonia cósmica, gerando assim uma conexão universal. Essa coexistência do todo é harmônica e de suma importância na fé budista, de modo que a dependência mútua do homem e da natureza coopera no processo do desenvolvimento para a iluminação e a evolução das almas.

4.3.5 Religiões afro-brasileiras, meio ambiente e proteção dos animais

Alguns ramos das religiões do passado praticavam rituais em que animais eram sacrificados como oferta a Deus ou aos deuses. O judaísmo praticou sacrifícios desde os primeiros dias, ainda quando ainda era uma religião tribal (Levítico, 16). Em outros rituais mais primitivos, ocorriam oferendas envolvendo até mesmo seres humanos, como é o caso das religiões das antigas civilizações (Levítico, 18: 21). No caso das religiões afro-brasileiras, há em alguns casos o sacrifício de animais, como no candomblé, por exemplo (Cordeiro, 2018). Em algumas festividades ou em alguns ritos, são utilizados alimentos, muitas vezes lançados ao mar, como uma espécie de oferenda (Nunes, 2017).

Religiões que ainda praticam essa prática acabam por se deparar com as questões relacionadas ao meio ambiente e a proteção dos animais. A liberdade de culto é garantida constitucionalmente. Entretanto, o cuidado dos animais e do meio ambiente também faz parte das leis do país, criando, desse modo, certo impasse. Em reportagem do jornal *Gazeta do Povo*, um líder religioso explica a questão dos sacrifícios de animais:

> Em resumo, a prática é uma mistura de energias: o sangue da terra, que é a água, o sangue vegetal e o sangue animal, que são portadores de energia vital, são manipulados sobre receptáculos. Essa energia é manipulada ao mesmo tempo em que se pede para o universo as energias para nossas vidas. Depois, esses animais são consumidos dentro das festividades. (Barbosa, 2017)

Uma parte importante nos rituais das religiões afro-brasileiras está vinculada com a prática das oferendas envolvendo elementos orgânicos. Essas ofertas visam estabelecer uma espécie de contato entre as forças transcendentais. Uma das soluções é o uso de presentes ou oferendas não agressivas ao meio ambiente. Para Rodney (2018):

> A consciência ambiental tem crescido cada vez mais entre os adeptos da umbanda e do candomblé. O cuidado em não utilizar materiais que não sejam biodegradáveis e diminuir o tamanho e a quantidade das comidas de santo, além de recolher os detritos, tem sido frequentemente recomendado pelas lideranças.

Desse modo, é possível manter as tradições religiosas sem agredir o meio ambiente.

SÍNTESE

Neste capítulo, exploramos os grandes temas religiosos e sociais do mundo moderno. Procuramos apresentá-los em diálogo com as diversas matrizes religiosas. Interagimos com vários assuntos importantes em debates nas plataformas de comunicação. Nesse sentido, discutimos o valor da liberdade e da tolerância religiosa para a boa convivência e a paz entre as pessoas e os povos. Infelizmente, em algumas partes do mundo, ainda persistem elementos de intolerância em relação a quem pensa diferentemente da religião oficial do Estado ou da maioria.

Observamos que a que a liberdade é uma das maiores conquistas da humanidade. Não somente a civil e política, mas também religiosa. Quando a liberdade é suprimida, sérios desajustes são provocados, em alguns casos desencadeando guerras e atos de intolerância. Muitos conflitos ocorreram na história, alguns lamentavelmente em nome da religião ou promovidos por ela. As Cruzadas, por exemplo, foram eventos dessa natureza que geraram uma mancha na história do cristianismo.

Além disso, abordamos a importante questão ambiental em perspectiva religiosa, observando a preocupação de cada uma das principais religiões com a preservação do meio ambiente.

Atividades de autoavaliação

1. A partir de qual evento histórico começaram a ocorrer algumas mudanças quanto ao direito à liberdade religiosa?
   a) Cruzadas.
   b) Revolução Francesa.
   c) Edito de Milão.
   d) Criação da ONU.
   e) Proclamação da República.

2. Em relação ao Estado Islâmico e a outros grupos extremistas radicais, assinale as alternativas corretas:
   a) Esses grupos não representam o pensamento oficial islâmico.
   b) São grupos apoiados por todas as correntes do islamismo.
   c) Esses grupos seguem fielmente os ensinos de Maomé.
   d) São grupos organizados e autorizados pela religião islâmica.
   e) Nenhuma das alternativas anteriores.

3. Em relação à Declaração Universal dos Direitos Humanos, assinale a resposta correta:
   a) Apenas as religiões autorizadas pelo Estado devem ser praticadas.
   b) Todo ser humano tem direito à liberdade de pensamento e de consciência.
   c) Religião deve ser algo praticado na vida particular sem exposição ao público.
   d) As religiões devem ser proibidas e deve ser implantada uma única religião estatal.
   e) O ser humano deve abandonar os sentimentos religiosos.

4. Marque a alternativa que apresenta aspectos que legitimam uma guerra na perspectiva de algumas correntes do cristianismo:
   a) Guerra envolvendo a exploração dos recursos de outra nação.
   b) Guerra envolvendo a defesa de pessoas inocentes.
   c) Conflitos visando ao teste de novos armamentos como forma de exibir poderio militar.

D] Guerra apenas quando outras tentativas de resolução para a paz fracassarem.
E] Nenhuma das alternativas anteriores.
5. Qual é o ideal do budismo em relação ao tema da violência?
A] É indiferente em relação a esse tema.
B] Prega o ideal da paz.
C] Incentiva o envolvimento em conflitos.
D] Varia conforme a vertente do budismo.
E] Permite a violência, dependendo do contexto.

Atividades de aprendizagem

Questões para reflexão

1. Sobre o ponto de vista do cristianismo em relação ao meio ambiente, você consegue observar e apontar elementos práticos de preservação?
2. Pesquise em grandes jornais sobre os conflitos no Oriente Médio envolvendo judeus e palestinos. Quais suas conclusões sobre as causas desses conflitos?
3. Em sua opinião, as religiões têm algum papel a desempenhar em relação à proteção ambiental? Como isso pode ser feito?

Atividade aplicada: prática

1. Diário de bordo

   Continue utilizando o arquivo de texto como diário de bordo e registre as seguintes informações deste capítulo:

   - Os fatos que você considera essenciais em relação à preservação ambiental.
   - Das questões sociais aqui levantadas, registre qual ou quais delas você considera as mais importantes nos dias de hoje.

5
RELIGIÃO E QUESTÕES COMPORTAMENTAIS

Diversos problemas de natureza política e social ainda rondam o mundo global no século XXI. Há questões ditas *comportamentais*, relacionadas ao casamento, à família e ao papel da mulher. Alguns grupos étnicos, em conjunto com costumes religiosos, ainda realizam casamentos arranjados. Outros grupos autorizam a prática do casamento polígamo. E ainda há questões relacionadas ao meio ambiente e à preservação da vida. Também há novas configurações familiares por meio dos relacionamentos homoafetivos. E o papel da mulher nas religiões na atualidade? Persiste o preconceito e as restrições ao papel feminino?

Esses são alguns dos temas que abordaremos neste capítulo. Como as religiões lidam com esses desafios? Sabemos que se essas questões não receberem a devida atenção, a violência e a discriminação continuarão trazendo consequências desastrosas para a convivência social. Portanto, temas como esses que citamos precisam ser abordados em sala de aula, nas conversas familiares, nas reuniões religiosas. Nenhuma pessoa é obrigada a acatar ou aceitar todas as opiniões, entretanto se espera respeito e combate a todos os tipos de comportamentos preconceituosos.

5.1 Religiões, família e casamento

Uma das cerimônias mais importantes da sociedade está relacionada ao casamento e à vida em família. Você já deve ter observado que, independentemente da confissão de fé ou da matriz religiosa, casamento e família são observâncias da mais alta importância. Os primeiros ritos de casamentos, como forma de estabelecer famílias, remontam a milênios. Tanto nas culturas antigas quanto naquelas de tendência progressista e moderna, raramente é dispensado o ritual do casamento, seja civil, seja religioso. Nesse sentido, abordaremos casamento e família na concepção de diversas religiões.

5.1.1 Casamento e família no judaísmo

Na teologia judaica, o primeiro casamento registrado na Bíblia faz referência ao casal da Criação. O texto sagrado relata que "Com a costela que havia tirado do homem, o Senhor Deus fez uma mulher e a trouxe a ele [...] Por essa razão, o homem deixará pai e mãe e se unirá à sua mulher, e eles se tornarão uma só carne" (Gênesis, 2: 22-24)[1]. Nos próximos eventos do livro do Gênesis, são relatados diversos casamentos, como os de Isaque e Rebeca e de Jacó e Raquel. Aliás, histórias de casamentos perpassam não somente o Antigo Testamento, mas também são encontradas no Novo Testamento.

A importância da família no judaísmo está de certa forma relacionada, sociologicamente falando, com a identidade nacional e cultural do povo judeu. Na fé judaica, o casamento é uma instituição divinamente ordenada, sendo, assim, a forma ideal de convivência. De acordo com Gaarder, Hellern e Notaker (2005), um judeu deve casar-se apenas com mulheres judias e vice-versa, como forma de preservar a identidade e a cultura da comunidade. Entretanto, com o advento dos períodos moderno e pós-moderno,

---

[1] As citações bíblicas deste capítulo foram retiradas de Bíblia (2004). Algumas exceções apresentam a fonte ao lado da citação.

esse costume tem sofrido influência do mundo ocidental, passando por mudanças significativas.

O ritual de casamento judaico é chamado de *kiddushin*. São várias etapas, desde banhos rituais nos dias que antecedem o evento, jejum por parte dos noivos, o compartilhamento da mesma taça no momento do casamento, a leitura da lei de Deus, a impetração das sete bênçãos, culminando finalmente com a taça sendo quebrada em memória à destruição do templo (Gaarder; Hellern; Notaker, 2005). Normalmente, o casamento ocorre em uma sinagoga ou sob uma espécie de toldo. Como é característico do povo judeu, esses eventos são bastante festivos. Comida e bebida jamais devem faltar, indicando, por meio dessa simbologia, o sustento e a celebração da vida.

5.1.2 Casamento e família no cristianismo

No cristianismo, casamento e família também são importantes rituais de vida. São realizadas celebrações religiosas em todas as correntes da fé cristã. Você já deve ter ouvido falar da transformação da água em vinho. Isso ocorreu em uma festa de casamento. Lá estavam presentes Jesus e alguns dos discípulos. Devemos lembrar que o cristianismo nasceu no judaísmo, tendo as bases teológicas no Antigo Testamento. Os ensinos de Jesus e as cartas apostólicas, bem como demais escritos, formam o restante das escrituras cristãs. O Novo Testamento estabelece o padrão para o casamento, trazendo também uma série conselhos para a família cristã.

Historicamente, o cristianismo celebra o casamento somente entre pessoas de sexos opostos. Algumas comunidades mais progressistas têm reavaliado esse posicionamento. Entretanto, ainda prevalece o entendimento tradicional. Conforme *A confissão de fé de Westminster*, um importante documento teológico, "o matrimônio deve ser entre um homem e uma mulher; ao homem não é lícito ter mais de uma mulher nem à mulher mais de um marido, ao mesmo tempo" (A confissão..., 2014, p. 85). Essa declaração, assim como outros documentos de fé, não endossa o casamento misto. Outras recomendações orientam para que o casamento ocorra entre pessoas da mesma matriz religiosa, embora não seja considerado inválido o casamento inter-religioso. Nos ensinos de Jesus, são destacados alguns dos valores do casamento e da família:

> Alguns fariseus aproximaram-se dele para pô-lo à prova. E perguntaram-lhe: "É permitido ao homem divorciar-se de sua mulher por qualquer motivo?" Ele respondeu: "Vocês não leram que, no princípio, o Criador 'os fez homem e mulher' e disse: 'Por essa razão, o homem deixará pai e mãe e se unirá à sua mulher, e os dois se tornarão uma só carne'? Assim, eles já não são dois, mas sim uma só carne. Portanto, o que Deus uniu, ninguém o separe". (Mateus, 19: 3-6)

No restante do ensino neotestamentário, é possível encontrar outras bases para o casamento cristão. Há também orientações para o bom relacionamento e a convivência mútua. Por exemplo, o apóstolo Paulo aconselha o marido para que "dê o máximo de amor à esposa: faça como Cristo fez pela igreja – um amor marcado por entrega total" (Bíblia. Efésios, 2011, 5: 25). De forma semelhante, as mulheres são também aconselhadas: "Esposa, entenda e dê apoio ao seu marido, pois assim demonstrará seu apoio a Cristo" (Bíblia, Efésios, 2011, 5: 22). O ideal no casamento, na perspectiva cristã, é que haja uma entrega de ambos, no amor e no cuidado um pelo outro. Para o cristianismo, em Cristo, marido e esposa estão em pé de igualdade, porém com papéis e funções diferentes.

5.1.3 Casamento e família no islamismo

Entre os adeptos da fé islâmica, o casamento e a família são costumes bastante estimados, assim como ocorre na tradição judaico-cristã. O casamento é praticamente um dever para todo muçulmano. Não há apreciação em relação ao costume do celibato, comum em outras religiões. Um outro aspecto importante é que no islamismo as famílias podem apresentar uma configuração um pouco diferente, conhecida como *poligamia*. Desse modo, caso haja um acordo entre as várias partes envolvidas, o casamento polígamo é considerado legal. Isso pode soar bastante estranho para cidadãos ocidentais, não é mesmo?

Do ponto de vista teológico, esse costume é possível. O Alcorão autoriza o casamento com várias mulheres: "Se temerdes ser injustos no trato com os órfãos, podereis desposar duas, três ou quatro das que vos aprouver, entre as mulheres (Alcorão, 4: 3a)². Entretanto, há também a recomendação para que não haja injustiça nessa relação: "Mas, se temerdes não poder ser equitativos para com elas, casai, então, com uma só, ou conformai-vos com o que tendes à mão. Isso é o mais adequado, para evitar que cometais injustiças (Alcorão, 4: 3b). Essa última recomendação procura evitar os problemas impostos em uma relação plural. Se nos relacionamentos monogâmicos há dificuldades, o que esperar dos poligâmicos?

O casamento islâmico é basicamente um contrato entre as partes. O ritual ocorre no local principal da mesquita, mais especificamente no espaço denominado *santuário*. O casamento é acompanhado por familiares e testemunhas do enlace. Algum clérigo ou líder religioso islâmico é responsável pela condução do ritual. De acordo com Toropov e Buckles (2017), a recepção festiva é conhecida como *waleemah*, podendo ocorrer na própria mesquita ou em outro ambiente, recheada de comida e danças. Devemos ter em mente que, para o islamismo, o consumo de álcool é proibido, até mesmo em grandes festas de casamento.

---

2 As citações do Alcorão deste capítulo foram retiradas de Alcorão (2020).

5.1.4 Casamento e família no hinduísmo e no budismo

Os rituais de vida – nascimento, casamento e morte – são partes importantes do hinduísmo e do budismo. Na cultura oriental asiática, os rituais de casamentos são decididos antecipadamente. As famílias entram em acordo e, por meio de contrato, entregam seus filhos um ao outro. É um costume bastante estranho para as pessoas que vivem no mundo ocidental em tempos pós-modernos e de pós-verdade (ou seja, não há mais aquele conceito de uma verdade absoluta).

Na tradição hinduísta, os casamentos normalmente ocorrem após o final do dia. Vejamos a seguir alguns elementos importantes nos enlaces matrimoniais nessa expressão de fé:

> Na tradição hindu, os casamentos são, em sua maioria, arranjados. É um contrato celebrado entre suas famílias. Incorpora cinco cerimônias: um contrato verbal entre os pais ou guardiões (homens) da noiva e do noivo; a entrega da noiva por seu pai ou guardião; uma cerimônia de boas-vindas para o novo casal; um ritual de segurar na mão; e um rito em que os noivos andam. (Toropov; Buckles, 2017, p. 226)

Na fé hindu, o casamento não é visto como um sacramento, como ocorre no catolicismo, por exemplo. Na verdade, para aquela religião – assim como no budismo – o casamento é uma resposta às necessidades humanas ou um arranjo social estabelecido.

O casamento budista, por sua vez, é bastante simples, mantendo certas semelhanças com a prática no hinduísmo. Considerando-se que o budismo está, de certo modo, imerso em uma diversidade cultural, em alguns casos há até mesmo casamentos polígamos. Muitos dos conceitos e dos valores éticos relacionados ao casamento na cultura ocidental não têm valor permanente no budismo, pois tudo é passageiro, todas as coisas mudam, inclusive as questões relacionadas ao casamento.

> **PRESTE ATENÇÃO!**
> O que o budismo pensa sobre os conceitos de virgindade e de castidade? Para alguns ramos do budismo, esses são assuntos importantes. Para outros, a virgindade é algo indiferente, mais relacionada com a esfera civil. No budismo, regras sobre a castidade são mais visíveis e relevantes apenas no caso da vida monástica (Higgins, 2018).

5.2 A mulher nas religiões

Nem sempre as religiões reservaram espaço para a atuação da mulher nas práticas e nos cultos. Sem generalizar, o que podemos observar é um certo preconceito para com a figura feminina na história das religiões, salvo algumas exceções em cultos gregos e em outras crenças. Diante dos recentes movimentos relacionados aos direitos humanos, mais especificamente ao direito da mulher, surgem algumas perguntas: Como as mulheres têm sido tratadas nas diferentes matrizes religiosas? Há espaço para a participação das mulheres em ritos e em celebrações religiosas?

Nos próximos tópicos, analisaremos essas importantes questões.

5.2.1 A mulher no judaísmo

Quando se estuda os diversos posicionamentos históricos e as variações nos diferentes papéis dentro de uma determinada religião, é necessário levar em consideração questões culturais, históricas e sociais. Devemos ter em mente que na sociedade antiga do Oriente Médio as comunidades familiares estavam sob o cuidado do chefe da família ou do clã. Era obrigação do líder zelar por segurança, saúde e sustento de esposa, filhos e demais agregados ao grupo.

A formação do povo de Israel nasceu nesse contexto, como podemos verificar nas histórias de Abraão, Isaque e Jacó. As escrituras do Antigo Testamento registram a história de mulheres que se destacaram como líderes e profetizas. No período pós-entrada na terra prometida, foram estabelecidos os juízes, uma espécie de governo improvisado. Entre as pessoas de destaque estava Débora, uma mulher que "liderava Israel naquela época [...] se sentava debaixo da tamareira entre Ramá e Betel, nos montes de Efraim, e os israelitas a procuravam, para que ela decidisse as suas questões" (Juízes, 4: 4,5). Há também o exemplo de Hulda, uma profetiza influente naqueles dias (2 Reis, 22: 1-16).

O fato que é que no judaísmo a liderança sempre esteve mais concentrada entre os homens da comunidade, e atualmente não há mulheres exercendo o papel de rabinas na fé judaica, pelo menos em grupos representativos oficiais. Algo constantemente ignorado pelos críticos do judaísmo é o pensamento das próprias mulheres praticantes dessa fé. Muitas vezes, mulheres fora dos círculos judaicos estão mais interessadas na questão do que as próprias praticantes do judaísmo.

Será que o judaísmo vê a mulher somente de modo negativo ou as pessoas do lado de fora é que olham por essa perspectiva? Conforme Toropov e Buckles (2017, p. 101):

> As praticantes dessas escolas da fé judaica, de modo geral, rejeitam essa caracterização e, com frequência, ressaltam que escolheram seguir seu próprio caminho espiritual em um cenário que enfatiza a integridade, a autonomia e o crescimento pessoal perante Deus. As mulheres no judaísmo desfrutam de um legado espiritual rico recompensador [...].

Muitas vezes, as críticas são frutos de preconceitos e desconhecimento. Por exemplo, uma leitura superficial de alguns textos do Antigo Testamento pode induzir o sujeito ao pensamento de que as mulheres se tornam impuras no período menstrual. Algumas pessoas observam nesse fato uma espécie de "impureza" e "separação" dos demais membros da comunidade. Entretanto, na observação de Toropov e Buckles (2017), esse período para a mulher judia é uma oportunidade de oração, aproximação de Deus e reflexão sobre a vida em potencial que se foi junto com os óvulos expelidos. Essa questão está relacionada apenas com elementos religiosos, sem interferência na vida profissional da mulher judia. No mundo atual, dificilmente algum rabino diria que uma mulher deve permanecer em casa durante essa fase.

5.2.2 A mulher no cristianismo

O cristianismo tem raízes no judaísmo e desse modo compartilha de alguns conceitos judaicos em muitos aspectos sobre o papel da mulher. Por exemplo, com base o livro de Provérbios (31: 10-31), Sayão (2011) elenca valores da figura feminina, como o envolvimento com negócios e a preocupação com os necessitados. É claro que quando olhamos a história da religião cristã podemos observar, por um lado, aspectos negativos e, por outro, aspectos positivos em relação à mulher. Entretanto, se analisarmos a forma positiva como Jesus tratou as mulheres, como elas foram valorizadas, tanto no ensino do Messias quanto no ensino apostólico, houve uma considerável evolução não somente do ponto de vista teológico, mas também sociológico.

Basta um olhar nos textos do Novo Testamento e podemos entender a importância da mulher no plano redentivo de Deus, como a figura de Maria, por exemplo, considerada no cristianismo como a mãe de Deus (Lucas, 2). Os evangelhos relatam um número considerável de mulheres que seguiam Jesus e o ajudavam em seu ministério (Lucas, 8: 1-3). O apóstolo Paulo, no final da carta aos romanos, reservou amplo espaço para as saudações específicas às

mulheres da comunidade, mencionando-as pelo nome (Romanos, 16). Na carta aos galatenses, Paulo ensina que "Não há judeu nem grego, escravo nem livre, homem nem mulher; pois todos são um em Cristo Jesus" (Gálatas, 3: 28).
Jesus Cristo, no discurso à mulher samaritana, rompe com os conceitos e os preconceitos daquele tempo:

> Havia ali o poço de Jacó. Jesus, cansado da viagem, sentou-se à beira do poço. Isto se deu por volta do meio-dia. Nisso veio uma mulher samaritana tirar água. Disse-lhe Jesus: "Dê-me um pouco de água". (Os seus discípulos tinham ido à cidade comprar comida.) A mulher samaritana lhe perguntou: "Como o senhor, sendo judeu, pede a mim, uma samaritana, água para beber? " (Pois os judeus não se dão bem com os samaritanos.) [...] Naquele momento os seus discípulos voltaram e ficaram surpresos ao encontrá-lo conversando com uma mulher. Mas ninguém perguntou: "Que queres saber? " ou: "Por que estás conversando com ela?". (João, 4: 6-9, 27)

De acordo com a fé cristã, após a ressurreição, Jesus apareceu primeiramente para um grupo de mulheres. Isso não significa que no cristianismo primitivo os papéis femininos foram eliminados. A teologia do Novo Testamento ensina que elas são iguais diante de Deus, embora desempenhem funções diferentes. Não temos relatos de mulheres exercendo funções como presbíteras ou pastoras. Por outro lado, há relatos de mulheres ocupando o cargo de diaconisas: "Recomendo-lhes nossa irmã Febe, serva da igreja em Cencréia. Peço que a recebam no Senhor, de maneira digna dos santos, e lhe prestem a ajuda de que venha a necessitar; pois tem sido de grande auxílio para muita gente" (Romanos, 16: 1,2).

Na atualidade, o público feminino está envolvido em praticamente todas as áreas religiosas. É claro que ainda há algumas igrejas cristãs, como o catolicismo e alguns ramos mais tradicionais do protestantismo, que ainda não ordenam mulheres ao diaconato, ao presbiterato e a outras ordens religiosas oficiais. Mesmo assim, nessas mesmas igrejas, muitas mulheres estão presentes, atuando na área de ensino catequético, nos projetos sociais e no serviço litúrgico. Além disso, algumas igrejas protestantes históricas mais progressistas, como a Igreja Luterana, alguns ramos do presbiterianismo e do metodismo, têm ordenado diaconisas, presbíteras e bispas. O fato é que, no cristianismo, guardadas as proporções, homens e mulheres sentam-se lado a lado e adoram a Deus, desfrutando dos mesmos direitos e deveres.

5.2.3 A mulher no islamismo

A pintura que se faz da figura da mulher no islamismo não é das melhores. Na maioria das vezes, a opinião daqueles que olham do lado de fora dessa expressão de fé é extremamente negativa. É claro que há grupos extremistas, como ocorre em quase todas as religiões, maculando a figura feminina. É possível que nesses segmentos haja tratamento no mínimo inadequado para com as mulheres. Você deve ter em mente que esses grupos não representam o ensino ou a visão oficial da religião muçulmana. Portanto, o que realmente o islamismo ensina sobre o papel das mulheres?

Os textos do Alcorão parecem entrar em contradição sobre o valor da mulher. Conforme um desses escritos, "Os homens têm autoridade sobre as mulheres porque Deus os fez superiores a elas" (Alcorão, 4: 31). Uma leitura fundamentalista e isolada dessa passagem pode acarretar sérios abusos no trato para com as mulheres. Contudo, há passagens no Alcorão apontando para a igualdade de direitos da mulher no islamismo: "Está-vos vedado tirar-lhes algo de tudo quanto lhes haveis dotado, a menos que ambos temam contrariar as leis de Deus" (Alcorão, 2: 228). Até que ponto esse direito da mulher tem sido praticado é outra questão.

Algumas diferenças no tratamento entre homens e mulheres ficam bem evidentes no mundo muçulmano. As mulheres têm prerrogativa sobre os dotes. Por um lado, Gaarder, Hellern e Notaker (2005) observam que, nas diversas leis no matrimônio islâmico, o marido paga um dote que permanece com a mulher, podendo ser utilizado apenas com autorização dela. Por outro, ainda segundo os mesmos autores, os homens podem ter várias mulheres, e o divórcio só é possível quando o processo é de iniciativa do marido (Gaarder; Hellern; Notaker, 2005). Apesar dos avanços nas leis islâmicas no que se refere aos direitos da mulher, permanecem diferenças consideráveis no tratamento em relação aos sexos. Em países de tradição muçulmana em contato com o mundo ocidental, essa realidade tende a diminuir.

Na visão de muitas pessoas do mundo ocidental, o islamismo oprime a mulher. Novamente esse é um olhar externo, sem levar em consideração a opinião das seguidoras da fé islâmica.

5.2.4 A mulher no hinduísmo e no budismo

Calcula-se que 80% por cento da população hinduísta mundial vive na Índia (População..., 2015). Sociologicamente, esse país é uma região de grandes contrastes. Em alguns aspectos, como na área tecnológica, têm ocorrido grandes avanços. Entretanto, outros problemas permanecem, entre eles o tratamento dado às mulheres (Assumpção, 2004). O sistema de castas também dificulta a ascensão daqueles que estão nas camadas inferiores, e grande parte dos indivíduos presentes nessa condição é composta por mulheres.

Qual é o pensamento oficial sobre o papel das mulheres no contexto hindu? De acordo com Gaarder, Hellern e Notaker (2005), as escrituras hinduístas, principalmente os Vedas, ensinam que homens e mulheres são iguais, comparando-os a duas rodas de uma carroça, embora na prática esse conceito não seja uma realidade na sociedade religiosa indiana. Contudo, há o curioso fato da presença de várias deusas na fé hindu, por exemplo, *Kali*, uma deusa negra, e *Bhárara Mata*, a deusa do moderno Estado indiano. Mesmo assim, em pleno século XXI, milhões de mulheres são vistas apenas como propriedades dos maridos. Além disso, as solteiras são consideras inferiores às casadas.

> **PRESTE ATENÇÃO!**
> Você já ouviu falar em *Dalai Lama*? Esse importante líder espiritual e monge budista tibetano, ganhador do Prêmio Nobel da Paz no ano de 1989, é reconhecido pelos monges tibetanos como a reencarnação do 13º Dalai Lama. O nome *Dalai Lama* significa "oceano de sabedoria". Na teologia budista, o Dalai é a encarnação do próprio Buda, o primeiro e maior líder dessa religião (Liy, 2014).

O budismo apresenta aspectos negativos e positivos em relação ao papel da mulher na religião e na sociedade. Vale lembrar que o budismo compartilha com o hinduísmo a crença na reencarnação. Normalmente, para um homem budista não é boa coisa renascer como uma mulher, porém, mesmo assim, em muitos países budistas, as mulheres têm desfrutado de uma posição até mesmo elevada (Gaarder; Hellern; Notaker, 2005). É nosso desejo que haja avanços significativos nesse sentido na religião budista – e por que não em todas as religiões da atualidade?

O Dalai Lama olha o papel da mulher de modo bastante positivo e até mencionou que ficaria bastante feliz caso quem lhe sucedesse fosse alguém do sexo feminino, o que não veio ocorrer, embora haja no Tibete uma lama budista, considerada uma importante líder espiritual (Klein, 2013). Mudanças em relação às mulheres têm ocorrido não somente no âmbito político, mas também no religioso. Considerando que todos os seres humanos podem alcançar a iluminação, o budismo tem sido mais aberto à liderança feminina, sendo formado hoje em dia por monges e monjas.

5.3 Relacionamentos homoafetivos

As questões relacionadas com a sexualidade quase sempre foram consideradas um tabu em algumas expressões religiosas. Nas últimas décadas, tem ocorrido um diálogo mais fluido, gerando discussões mais produtivas, mas não menos acaloradas. A questão dos relacionamentos homoafetivos tem ocupado grande parte dos debates. De acordo com Nicholi II (2007, p. 333), "A homossexualidade se refere ao comportamento sexual envolvendo preferência por membros do mesmo sexo". Nem sempre as definições agradam a todas as pessoas. Muitas não têm conseguido lidar com mudanças de preferência ou de comportamento, de modo que nesse assunto são necessários respeito e consideração.

Quanto às causas do comportamento homossexual, há basicamente duas linhas de entendimento ou pesquisa. A primeira delas, na área genética, enfatiza que o indivíduo herda certa predisposição para a homossexualidade; já a segunda situa-se na área psico-sócio-genética, envolvendo mais questões de tradição familiar e influência do meio social (Nicholi II, 2007). Independentemente das razões, o que as expressões de fé pensam em relação à homossexualidade? Diante da variedade de grupos dentro de cada religião, nem sempre há um consenso ou uma voz oficial representando um posicionamento final.

5.3.1 Homossexualidade no pensamento judaico-cristão

Considerando que há diferentes tradições no judaísmo, é importante conhecer o pensamento de cada uma delas. O fato é que não é fácil identificar um posicionamento completamente aceito, mesmo nos grupos mais progressistas. Nesse sentido, é possível que em um mesmo grupo haja pessoas e líderes com posicionamentos plurais e outros, mais conservadores. A base para formulações de sexualidade no judaísmo repousa sobre o Antigo Testamento. A moral judaica conservadora está mais inclinada para relacionamentos entre pessoas de sexos opostos, embora exista quem pense diferente dentro das diversas escolas judaicas.

De modo não generalizado e também não ocorrendo em todas as regiões do mundo, são percebidas certas mudanças no entendimento judaico quando ao relacionamento homoafetivo:

> As discussões acaloradas sobre as três principais correntes do judaísmo – reformista, conservadora e ortodoxa – ganharam novas faíscas nesta sexta-feira quando o chamado Movimento Conservador de Israel decidiu aprovar a ordenação de rabinos homossexuais, endossando a posição desse movimento nos Estados Unidos, onde gays e lésbicas já podem participar de estudos visando ao rabinato há alguns anos. (Conservadores..., 2012)

No cristianismo, as opiniões em relação à homoafetividade são bastante semelhantes às do pensamento judaico. Embora grande parte das denominações cristãs sejam conservadoras, em algumas delas tem ocorrido uma maior abertura para o diálogo sobre a sexualidade humana. Por exemplo, algumas igrejas no protestantismo histórico europeu e norte-americano – anglicanos, metodistas, presbiterianos e luteranos –, são mais inclusivas em relação ao relacionamento entre pessoas do mesmo sexo. Entretanto, outras denominações, dentro dessas mesmas tradições protestantes, têm se mantido na perspectiva mais conservadora.

Infelizmente, têm ocorrido casos de intolerância, algumas vezes praticados por grupos ou pessoas de comportamento próximo ao radicalismo - atitude que deve ser combatida. É necessário praticar o ideal cristão da boa convivência em relação a questões diferentes em um mundo de opiniões plurais (Heterossexualidade..., 2010). É fato que para a maioria das pessoas dentro do cristianismo histórico os relacionamentos devem ocorrer entre pessoas de sexos opostos. Independentemente do posicionamento, liberal ou conservador, o que deve prevalecer é o respeito e a tolerância mútua.

5.3.2 Homossexualidade no pensamento islâmico

Embora oficialmente o islamismo seja uma religião de paz, ainda parece ser relutante em relação ao convívio entre pessoas do mesmo sexo. Isso ocorre principalmente nos chamados *grupos extremistas*, por vezes responsáveis por atos de violência, fruto da concepção radical em relação aos "infiéis". No ano de 2016, Omar Mateen, um radical islâmico, disparou e matou em torno de cinquenta pessoas em uma boate voltada ao público LGBT (lésbicas, gays, bissexuais, travestis, transexuais e transgêneros) em Miami, supostamente combatendo em nome de Alá (Efraim, 2016.). Os relacionamentos homoafetivos são considerados crime em alguns países islâmicos, entre eles, Iêmen, Irã, Arábia Saudita e Emirados Árabes (Terror..., 2018).

O Alcorão é bastante crítico quanto aos relacionamentos homoafetivos: "Dentre as criaturas, achais de vos acercar dos machos, deixando de lado o que vosso Senhor criou para vós, para serem vossas esposas? Em verdade, sois um povo depravado" (Alcorão, 26: 165-166). É evidente que essa passagem pode ser compreendida exegeticamente de forma diferente. Alguns estudiosos mais progressistas no islamismo, como o pregador muçulmano Ludovic Mohamed Zahed, criador da primeira mesquita dedicada ao acolhimento do público LGBT, não segue a interpretação tradicional (Moysés, 2016). Para Ludovic e outros intérpretes, a passagem do Alcorão que citamos tem gerado uma visão distorcida, fazendo surgir práticas intolerantes e até mesmo assassinatos.

5.3.3 Homossexualidade no pensamento hinduísta e budista

A Índia, um dos países mais populosos do mundo, de forte tradição hindu, até recentemente punia relacionamentos homoafetivos com a prisão. Essa tradição vinha desde os tempos da colonização inglesa. Um fato curioso é que o hinduísmo, mesmo sendo uma religião branda e não prescritiva sobre questões relacionadas à sexualidade, relutou contra os avanços nessa área, adotando um posicionamento mais tradicional em anos recentes. No final de 2018, uma decisão da Suprema Corte da Índia descriminalizou a homossexualidade, derrubando uma lei de mais de 150 anos, decisão comemorada pelos setores mais progressistas da sociedade indiana (IG, 2018).

Conforme vimos anteriormente, salvas as exceções, tanto o hinduísmo quanto o budismo têm sido tolerantes em relação às questões de sexualidade. Nessas religiões, há a exigência do celibato para os monges, sendo que essa regra vale também para a prática homoafetiva.

Mais especificamente no pensamento budista, o ideal é a fuga dos comportamentos impróprios, e sob esse viés os relacionamentos homoafetivos não são bons ou maus, tudo depende de como a sexualidade é vivenciada (Pereira, 2017). Para o budismo, em última análise, cabe a cada pessoa decidir e avaliar se esse comportamento interfere ou não na própria caminhada para a iluminação. Desde que não haja problemas no processo evolutivo rumo ao nirvana, cada pessoa segue o próprio caminho.

SÍNTESE

Neste capítulo, exploramos as grandes questões comportamentais, interagindo com aspectos sociais do mundo moderno. Procuramos apresentá-los em diálogo com as diversas matrizes religiosas, sem entrar no mérito do "certo ou errado". Interagimos com vários temas importantes nos debates em diversas plataformas da comunicação: O que as grandes religiões pensam sobre o casamento na estrutura social familiar, historicamente e no século XXI? Como as religiões lidam com os direitos da mulher e as questões envolvendo mulheres nos ofícios religiosos? Como as religiões lidam com a homossexualidade?

Iniciamos o capítulo apresentando questões relacionadas à família e ao casamento nas diversas religiões – praticamente todas elas colocam o casamento em destaque como um dos ritos de vida mais importantes. Também abordamos o papel da mulher nas diferentes expressões de fé, observando que, embora nem sempre o público feminino tenha desfrutado de plenos direitos nas religiões, têm ocorrido avanços nesse sentido e cada vez mais as mulheres assumem funções oficiais nas práticas religiosas. Por fim, apesar de os relacionamentos homoafetivos serem uma realidade no século XXI, observamos que a maioria das religiões mantém um posicionamento mais conservador com relação a essa questão, valorizando e promovendo, porém, o respeito mútuo.

ATIVIDADES DE AUTOAVALIAÇÃO

1. Independentemente da confissão de fé ou da matriz religiosa, o casamento é um costume ou uma instituição:
   A] apenas religiosa.
   B] apenas civil.
   C] milenar e algumas vezes indispensável em muitas culturas e religiões.
   D] imposta pela religião oficial do Estado.
   E] Nenhuma das alternativas anteriores.

2. Em relação ao casamento judaico, aponte a afirmativa correta:
   A) O rito de casamento é chamado de *Ramadã*.
   B) O rito de casamento é denominado de *kiddushin*.
   C) O rito de casamento é chamado de *Pentecostes*.
   D) O rito de casamento é chamado de *advento*.
   E) O rito de casamento é chamado de *Iom Kypur*.
3. Em relação ao papel feminino, as religiões permitem que mulheres desempenhem funções religiosas?
   A) As escrituras do Antigo Testamento registram a história de mulheres que se destacaram como líderes e profetizas.
   B) Os evangelhos não relatam que mulheres seguiam Jesus.
   C) O islamismo não permite mulheres no ofício em hipótese alguma.
   D) Não há registro de mulheres exercendo liderança no budismo.
   E) Todas as religiões proíbem totalmente a liderança feminina.
4. Sobre o posicionamento das principais religiões em relação à sexualidade, marque a alternativa correta:
   A) É um assunto tranquilo em todas as culturas e religiões.
   B) Foi e continua sendo um tabu em muitas religiões e culturas.
   C) Não tem ocorrido uma abertura sobre o tema nas últimas décadas.
   D) Todas as religiões proíbem o tema por acharem que ele não tem importância.
   E) Nenhuma das alternativas anteriores.
5. Como é tratado o relacionamento homoafetivo pelas principais religiões?

A] É um assunto pessoal e nenhuma religião se posiciona sobre a questão.
B] É assunto já resolvido em todas as religiões.
C] Algumas correntes do cristianismo são mais abertas ao tema.
D] Não é permitido no islamismo.
E] Não se trata de uma questão boa ou má, conforme o entendimento budista.

Atividades de aprendizagem

Questões para reflexão

1. O que você pensa sobre a relutância de certos grupos religiosos em relação ao casamento entre pessoas do mesmo sexo? Argumente.
2. Pesquise em grandes jornais e revistas questões relacionadas à vida das mulheres no islamismo. Quais suas conclusões sobre esse tema?
3. Em sua opinião, o cristianismo trouxe liberdade ou opressão para as mulheres? Como Jesus se relacionava com elas segundo os evangelhos?

Atividade aplicada: prática

1. Diário de bordo

Continue utilizando o arquivo de texto como diário de bordo e registre as seguintes informações deste capítulo:

- Os fatos expostos neste capítulo que você considera como os mais importantes para seu aprendizado.
- Das questões sociais aqui levantadas, registre quais delas são as mais discutidas na atualidade.

RELIGIÃO E QUESTÕES BIOMÉDICAS

Neste capítulo, exploraremos questões relacionadas à biomedicina. A partir da metade do século XX, a tecnologia se desenvolveu de modo espetacular. O avanço das descobertas científicas na área da medicina e das ciências biológicas tem contribuído muito para a preservação e a qualidade da vida humana. É bem provável que se você não passou por alguma cirurgia ou tratamento médico diferenciado, pelo menos alguém em sua família ou algum conhecido o tenha experimentado. Os serviços médicos têm proporcionado alívio diante dos desafios das antigas e das novas patologias que assolam a humanidade.

Vidas já foram e têm sido salvas por meio da técnica médica do transplante de órgãos. O mesmo podemos dizer a respeito da transfusão de sangue. A prática da inseminação artificial tem proporcionado a realização do sonho de muitos casais com problemas em questões de reprodução.

Entretanto, junto com a melhoria na medicina e com a chegada de novas tecnologias, surgem também desafios éticos e morais. A bioética tem sido definida como o "Estudo de problemas éticos relacionados a questões biológicas, particularmente a vida humana. Também chamada de ética biomédica" (Erickson, 2011, p. 26). De certo modo, não se pergunta mais se os procedimentos biomédicos podem ser feitos, e sim **como** devem ser feitos. Nesse caso, dependendo da maneira como são realizados, esses procedimentos entram em choque com conceitos religiosos. Segundo Pestana (2017),

> Líderes de religiosos [sic] estão em posições decisivas para expressar suporte teológico categórico e dissipar a resistência a incorporar conceitos recentes na interpretação das suas escrituras, quando envolvem questões advindas da atividade contemporânea da sociedade. O transplante de órgãos é uma dessas questões e representa um dos maiores avanços da medicina nas últimas décadas: órgãos ou tecidos de uma pessoa distinta são incorporados e adquirem função normal em novo receptor.

Se por um lado a tecnologia na medicina tem possibilitado a felicidade de milhares de pessoas, por outro, tem esbarrado em temas éticos e morais. Essas técnicas se enquadram na categoria de questões biomédicas ou de questões de ética medicinal: É correto deixar de lado o método natural de procriação, introduzindo novos esquemas reprodutivos? O que as principais religiões pensam ou como se posicionam diante desses métodos?

Vamos interagir com esses temas em conexão com algumas das matrizes religiosas da atualidade.

IMPORTANTE!

O que de fato queremos dizer com *questões biomédicas*? Podemos destacar, entre elas, a doação e o transplante de órgãos, a inseminação artificial ou o bebê de proveta, a clonagem e a manipulação genética, entre outros. Todos esses procedimentos já são realidades comuns no mundo da tecnologia no campo da biomedicina. Nosso interesse é refletir sobre essas questões dialogando com as principais religiões. Há espaço para os avanços da biomedicina de acordo com as principais matrizes religiosas?

6.1 Doação e transplante de órgãos

Graças aos procedimentos cirúrgicos envolvendo a coleta e o transplante de órgãos, milhares de vidas têm sido salvas. Trata-se, basicamente de "uma técnica pela qual se pode transferir órgãos sadios para pacientes com órgãos gravemente doentes" (Guimarães, 2002, p. 439). No Brasil, cirurgias dessa natureza são oferecidas gratuitamente pelo Sistema Único de Saúde (SUS) e por hospitais e planos de saúde particulares. Dependendo dos fatores envolvidos, o paciente entra em uma lista de espera, às vezes por anos, para conseguir realizar o procedimento.

O Brasil tem se destacado tanto na questão da doação de órgãos quanto em relação aos transplantes. Segundo dados oficiais:

> Em 2016, foram aproximadamente 25 mil transplantes e, em 2017, cerca de 27 mil, recordes que representam a retomada após alguns anos de retração e avanços pequenos. Em relação à taxa de doadores efetivos – aqueles que tiveram órgãos transplantados em outras pessoas – até 2017 foram sete trimestres seguidos de crescimento do indicador – algo inédito desde 2009, quando a ABTO[1] começou a publicar balanços trimestrais. Com essa evolução, o País alcançou, no último trimestre do ano passado, uma taxa de 16,6 doadores efetivos por milhão de pessoas (pmp). (Doação..., 2018)

Os transplantes mais comuns são dos rins, do fígado, das córneas e do coração. Na maioria das vezes, os órgãos são coletados de doadores, em outras, são artificiais. Por exemplo, em julho de 2001 um norte-americano recebeu o primeiro coração artificial que funcionava de modo totalmente independente (Guimarães, 2002). Em todos os casos, há situações de risco, tanto no procedimento cirúrgico quanto em momentos envolvendo rejeição por

---
1   Associação Brasileira de Transplante de Órgãos (ABTO).

parte do corpo do receptor, como se o novo membro fosse um "corpo estranho". Outras vezes, mesmo diante de vários testes de compatibilidade, podem ainda ocorrer problemas oriundos do órgão doado.

6.1.1 Doação e transplante de órgãos na perspectiva judaico-cristã

De modo geral, o judaísmo não se posiciona contra a doação de órgãos ou contra os procedimentos cirúrgicos dessa natureza. Entretanto, algumas questões éticas são levantadas, como uma preocupação com a preservação dos órgãos nos bancos dos hospitais sem que lhe seja dado um destino apropriado e no tempo apropriado (Doação..., 2001). No judaísmo, a doação de órgãos não leva em consideração a crença do receptor, no sentido de que vida humana não tem religião.

As decisões éticas não são assim tão fáceis de serem tomadas no judaísmo:

> No que diz respeito a transplantes de órgãos após a morte, é preciso lidar com proibições da Lei Judaica tais como Nivul Hamet – mutilar o corpo de um falecido; Halanat Hamet – atrasar o enterro de um corpo; e Hana'at Hamet – obter qualquer benefício a partir de um morto, seja a venda ou doação do mesmo para pesquisas. (Goldstein, 2020)

Enfim, tanto na doação quanto nos transplantes de órgãos, o judaísmo alerta para o cuidado em relação à profanação do corpo humano, que é sagrado e inviolável. De modo geral as fontes teológicas judaicas como a Torá e o Talmude ensinam que salvar vidas humanas é ato de misericórdia e justiça. A Lei de Moisés recomenda que o fiel "ame cada um o seu próximo como a si mesmo" (Levítico, 19: 18)[2].

---
2   As citações bíblicas deste capítulo foram retiradas de Bíblia (2004).

O que prevalece é o entendimento de que, no caso de doação entre pessoas vivas, o receptor esteja pronto de imediato a receber o transplante e que não haja risco de vida ao doador – assim, não há dificuldades para a doação e o transplante de órgãos por parte dos praticantes do judaísmo (Diniz, 2016).

No cristianismo, a doação e o transplante de órgãos são mais comuns. O ideal do amor cristão em relação aos semelhantes tem sido uma mola propulsora para a doação de órgãos com intuito de salvar vidas. Jesus ensinou sobre o valor altruísta: "Ame o Senhor, o seu Deus de todo o seu coração, de toda a sua alma e de todo o seu entendimento. Este é o primeiro e maior mandamento. E o segundo é semelhante a ele: Ame o seu próximo como a si mesmo" (Mateus, 22: 37-39). Em outra passagem é dito que "Ninguém tem maior amor do que aquele que dá a sua vida pelos seus amigos" (João, 15: 13).

Isso não quer dizer que não haja dificuldades sobre o tema no cristianismo, pois nele também surgem algumas questões bioéticas relacionadas às práticas da doação e do transplante de órgãos. No aspecto teológico, ainda há quem pense que, em caso de doação de órgãos, isso possa interferir de alguma forma no conceito da imortalidade, mais relacionado com a situação do corpo na ressurreição. Além disso, a doação deve ocorrer apenas com o consentimento em vida do doador, seja para uso imediato ou após sua morte. O que está em vista é a liberdade do cristão e o respeito pelo corpo humano, no sentido de que, mesmo após a morte, o órgão ainda pertence ao doador, como um símbolo remanescente (Geisler, 2010).

Quando um transplante de órgão é realizado de modo ético e transparente, ocorre certa celebração da vida sobre a morte. Recentemente, o Papa Francisco (citado por Jaguraba, 2019) declarou que "o significado da doação para o doador, para o receptor e para a sociedade, não termina em sua utilidade, pois se trata de experiências profundamente humanas e cheias de amor e altruísmo". Assim, o ideal do cristianismo é a vida, tanto no presente quanto no futuro, a chamada *vida eterna*. Na fé e na teologia cristã, a morte de Jesus em favor do mundo é o maior exemplo de doação de vida.

6.1.2 Doação e transplante de órgãos na perspectiva islâmica

Mundialmente, os números de fiéis do islamismo são impressionantes, embora as taxas de doação e de transplante de órgãos sejam baixas quando comparadas à densidade religiosa. Durante muito tempo, não houve um consenso entre os estudiosos islâmicos sobre questões biomédicas dessa natureza. Há alguns anos, o xeique Mohammed Sayed Tantawi, ligado à corrente sunita, no Egito, declarou que o transplante de órgãos, desde que seja realizado de modo correto, está de acordo com a *sharia*, ou seja, a lei islâmica (Agência EFE, 2007). Além disso, a doação de órgãos se enquadra na atitude de amor altruísta para o islamismo.

Em outras partes do mundo, as decisões têm sido semelhantes: "A maioria do 1,3 bilhão de muçulmanos considera a integridade do corpo como condição para o acesso à vida eterna, assim o número de transplantes é pequeno nessa comunidade. Entretanto, o Conselho Muçulmano Britânico apoia a doação, dando prioridade ao mérito do ato de salvar vidas" (Pestana, 2017).

No Brasil, a comunidade islâmica tem caminhado na mesma direção, sendo mais aberta também ao transplante de órgãos. No ano de 2011, o Hospital das Clínicas de São Paulo promoveu um encontro ecumênico com o intuito de debater questões biomédicas em diálogo com diversas religiões. O xeique Mohamad Al Bukai, representante da fé muçulmana, fazendo referência a um importante congresso de líderes muçulmanos em 1988, esclareceu que "O contexto das interpretações considera a doação um ato de humanidade recomendável e muito bem aceito" (Al Bukai, 2011). A decisão islâmica reflete o pensamento expresso no Alcorão: "Quem a salvar [uma vida], será reputado como se tivesse salvo toda a humanidade" (Alcorão, 5: 32)[3].

6.1.3 Doação e transplante de órgãos nas perspectivas hinduísta e budista

No contexto das duas maiores religiões orientais – o hinduísmo e o budismo –, a doação e o transplante de órgãos ainda representam questões um tanto quanto incipientes. É evidente que devemos levar em consideração a falta de dados claros sobre os contextos dessas religiões. De acordo com Pestana (2017), "os mais de 1 bilhão de seguidores do hinduísmo atribuem mérito espiritual à doação de órgãos, mas ainda contam com pequeno número de transplantes, dado o incipiente desenvolvimento dessa atividade nas suas regiões". Considerando-se que o hinduísmo encontra maior expressão na Índia, um país com sérios problemas sociais, seria de extrema valia para a saúde pública local o investimento em políticas educacionais incentivando a doação de órgãos.

No budismo, a situação não é diferente. Essa religião não se opõe à doação e ao transplante de órgãos, considerando-os questões de consciência e de decisão de cada pessoa, de modo que não há cânones oficiais específicos sobre esses assuntos. Enfim, de modo geral, o budismo é favorável aos procedimentos biomédicos. O problema se encontra mais na doação pós-morte. De acordo com Pessini (1999), na concepção budista, o ato de remover um órgão é visto como perturbação da integração entre corpo e espírito, e alguns ramos acreditam que a redução gradual do calor físico deve ser sentida no morrer sem que se apresse esse momento. Mesmo

---

3   As citações do Alcorão deste capítulo foram retiradas de Alcorão (2020).

diante desse pensamento, não há uma proibição final em relação à doação em vida.

6.2 Inseminação artificial

Em todos os períodos da história, ocorreram certas dificuldades no processo de procriação humana. A formação de uma família por meio de um ou de mais filhos tem esbarrado em problemas de reprodução por parte de mulheres e homens. Uma das formas de resolver esse tipo de problema é a inseminação artificial, que se trata de um "processo de fecundação que consiste na introdução, por recursos e métodos científicos, aperfeiçoados em clínicas especializadas, de sêmen para fecundação de óvulo através de finíssimas agulhas" (Guimarães, 2002, p. 275). Desse modo, o sonho de muitos casais tem se tornado real com esse tipo de avanço tecnológico no campo medicinal.

Outro método de reprodução assistida é conhecido como *bebê de proveta*, uma forma de resolver os problemas de certas mulheres afetadas pelo problema de obstrução nas trompas, bem como no caso de homens com baixa contagem de espermatozoides. O esquema consiste basicamente no processo de retirar os óvulos no tempo certo, os quais são misturados com o sêmen fresco do marido ou do doador, sendo em seguida reimplantados no interior do útero (Guimarães, 2002). O primeiro bebê de proveta nasceu nos Estados Unidos em 1978, iniciando uma nova era no processo da reprodução humana (Guimarães, 2002).

6.2.1 Inseminação artificial na perspectiva judaico-cristã

Para a religião judaica, são muito importantes o casamento e a geração de filhos. Na cultura bíblica antiga, ser estéril era bastante pesaroso para uma mulher casada. O entendimento comum no judaísmo infere que os filhos devem nascer de um relacionamento sexual ordinário entre o casal. Entretanto, em casos de dificuldade, da esposa ou do marido, são válidas as formas médicas como opção de geração, desde que o sêmen e os óvulos pertençam ao casal em questão (Ende, 2019). Atualmente, Israel se destaca internacionalmente, tendo os mais avançados hospitais e recursos para inseminação artificial.

De modo geral, não há problemas quanto à técnica de inseminação artificial para a maioria das igrejas cristãs. É claro que há algumas restrições, mais relacionadas com o método de coleta de sêmen. Tecnicamente, há dois tipos de inseminação artificial. De acordo com Geisler (2010), o primeiro deles é chamado de *inseminação artificial por cônjuge* (IAC), e o segundo, *inseminação artificial por doador* (IAD). Para a fé cristã em perspectiva protestante histórica, não há dificuldade com a IAC. Em relação à IAD, não se trata de algo tão simples assim em termos de ética cristã.

A IAD, quando realizada moral e legalmente, ou seja, com a coleta do sêmen feita de modo adequado, tem sido aceita, embora com restrições, por alguns grupos. Conforme aponta Geisler (2010, p. 219): "podemos dizer que quaisquer argumentos sociais, psicológicos e legais podem ser utilizados e devem ser considerados, mas da perspectiva bíblica, parece não haver nenhuma razão moral contraria à prática da IAD e da IAC". Em última análise, fica a critério do casal o uso ou não de algum método de reprodução. Alguns optam pelo processo médico, outros preferem adotar alguma criança.

O posicionamento católico romano é mais conservador. Para o Vaticano, "São certamente lícitas as intervenções que visam remover os obstáculos que se opõem à fertilidade natural, como, por exemplo, a cura hormonal da infertilidade [...], a cura cirúrgica de uma endometriose, a desobstrução tubárica ou a restauração microcirúrgica da perviedade tubárica" (Santa Sé, 2008). Do ponto de vista da teologia moral católica romana, os métodos conceptivos não devem se tornar substitutos do ato conjugal ordinário. Nesse sentido, os recursos médicos têm a função de auxiliar para que o processo natural ocorra com mais facilidade, em casos de impossibilidades naturais.

6.2.2 Inseminação artificial na perspectiva islâmica

Para a fé islâmica, o desenvolvimento científico é bem-vindo, desde que não ameace os preceitos éticos definidos no Alcorão. A religião muçulmana não é totalmente fechada para os avanços na ciência médica no contexto da reprodução. Tanto a inseminação artificial como a fertilização *in vitro* são aceitas, desde que a coleta dos elementos necessários ocorra no contexto do casamento e sejam oriundos do casal que busca a solução médica (Al Bukai, 2019). A doação de sêmen por terceiros não é permitida, por ser considerada uma forma de invasão na àrvore genealógica da família. O que se tem em vista é a preservação das raízes familiares.

Enfim, o posicionamento da religião islâmica é bem sintetizado no texto a seguir:

> Por exemplo, é lícita a inseminação artificial utilizando o esperma do marido, que após fertilizar o óvulo da esposa (no útero ou em tudo de ensaio [sic]) é implantado no útero da esposa. A utilização de mãe substituta não é permitida por não ser possível definir quem será a mãe (Surata 58: 2), e também pela questão da linhagem. (Ragip, 2000)

A teologia islâmica busca preservar elementos dogmáticos em seus posicionamentos. Somente Alá é autor da vida, em última análise. De acordo com o Alcorão, "Ele foi Quem criou os humanos da água, aproximando-os, através da linhagem e do casamento, em verdade, o teu Senhor é Onipotente" (Alcorão, 25: 54). Como ocorre em todas as religiões, podem existir diferentes tipos de concepções sobre inseminação artificial dependendo da corrente, pois nem sempre há concordância entre as subdivisões em questões teológicas e éticas.

6.2.3 Inseminação artificial nas perspectivas hinduísta e budista

Você deve ter conhecimento de que a Índia, berço da maior parte dos seguidores do hinduísmo, apresenta sérios problemas sociais. Muitas mulheres são rejeitadas por suas famílias por não conseguirem engravidar e possibilitar a continuidade da linhagem. Com o desenvolvimento das ciências médicas no campo da fertilidade, muitas delas têm buscado solução nas técnicas de inseminação artificial para conseguir engravidar e desse modo vencer os preconceitos instalados nessa sociedade milenar (Arya, 2014). O problema reside no fato de que maioria das clínicas são ilegais, colocando em risco a vida de muitas das mulheres que procuram esses serviços (Arya, 2014).

As literaturas hinduísta e budista não fazem muitas referências às questões bioéticas. De acordo com Goldim (2006), o hinduísmo e o budismo e não se opõem às técnicas de reprodução assistida, inclusive a fertilização *in vitro*, desde que não haja sofrimento desnecessário para os pais, especialmente a figura materna.

Mais especificamente no caso do budismo, argumenta Cambiaghi (2010), recomenda-se a busca de tratamento médico, como a inseminação artificial, diante das adversidades em relação à dificuldade de reprodução

Devemos considerar que há pouco material de pesquisa sobre o posicionamentos hinduísta e budista em relação ao tema em questão, de modo que as informações devem ser consideradas com cautela.

6.3 Clonagem humana

Entre todas as grandes descobertas científicas das últimas décadas, a clonagem talvez seja a mais polêmica delas. Nem mesmo na comunidade acadêmica há unanimidade sobre a questão. A ovelha Dolly, em 1997, foi oficialmente o primeiro clone realizado com sucesso. O processo de clonagem, segundo Guimarães (2002), consiste na extração de um óvulo, o qual é então fundido com uma célula somática, passando então para um processo de cultivo até desenvolver-se totalmente. No caso da ovelha Dolly, apesar do sucesso na clonagem, notou-se que ela tinha envelhecimento precoce.

No que se refere à clonagem humana, o método esbarra em diversas questões éticas e morais, do ponto de vista tanto legal quanto religioso. Ocorre uma preocupação em relação à autonomia e à individualidade humana:

> A individualidade humana não é apenas questão de princípios; em termos biológicos, ela representa diversidade biológica, já que todo indivíduo é único não somente em seus sonhos, desejos e personalidade, mas também em seu patrimônio genético. A diversidade biológica é fundamental para a sobrevivência de nossa espécie, e a clonagem humana, se realizada em larga escala, poderia constituir uma ameaça à espécie, pois diminuiria a variabilidade genética de nossa população. (Triunfol, 2003, p. 12)

A grande questão ética refere-se à clonagem de embriões humanos. A maioria das religiões considera esse processo uma ação antiética. Em muitos países, a clonagem de embriões é proibida até mesmo para fins terapêuticos. Em 2007, a Organização das Nações Unidas (ONU) não recomendou a clonagem humana, prevendo futuros abusos e discriminação das criaturas humanas clonadas. Do ponto de vista da religião, o que se questiona é até que ponto o desenvolvimento médico-científico, por meio da clonagem, não estaria tentando ocupar ou usurpar o papel de Deus? Nos próximos tópicos, apresentaremos um apanhado do pensamento das principais vertentes religiosas da atualidade sobre a questão.

6.3.1 Clonagem na perspectiva judaico-cristã

O judaísmo e o cristianismo consideram a vida e a existência de todas as criaturas obras de Deus. Para o judaísmo, Yahweh é o criador e o mantenedor de todos os seres vivos na face da Terra: "Quantas são as tuas obras, Senhor! Fizeste todas elas com sabedoria! A terra está cheia de seres que criaste. Eis o mar, imenso e vasto. Nele vivem inúmeras criaturas, seres vivos, pequenos e grandes" (Salmos, 104: 24-25). Na perspectiva do cristianismo histórico, Jesus é o criador de todas as coisas: "Todas as coisas foram feitas por intermédio dele; sem ele, nada do que existe teria sido feito" (João, 1: 3).

Considerando que somente Deus tem a prerrogativa de criar e tirar a vida, o processo de clonagem não é aceito pelo judaísmo nem pelo cristianismo. No caso do judaísmo, não há dificuldade em clonagem vegetal, como de alimentos, entretanto, a de humanos é problemática por ferir elementos éticos, como pôr em dúvida a paternidade da criança, por exemplo (Clonagem..., 2020). Em uma entrevista à *Revista Morashá*, o rabino David Weitman argumentou:

> para nós, judeus, este procedimento é imoral e absolutamente inaceitável. Existem inúmeras objeções morais a respeito, pois o ser humano não pode ser visto apenas como um depósito de peças avulsas. Fiquei profundamente chocado ao ler que um cientista

teria dito que, afinal, "o embrião não passa de um amontoado de células, de uma pequena bola, menor do que a cabeça de um alfinete". Desde quando a vida tem tamanho? Se é grande ou pequena, é uma vida! Um embrião existe para gerar filhos, bebês, e não para fabricar peças de reposição. Quem sabe quantos embriões vamos ter de "matar" para obter uma célula tronco? Teremos, no processo, uma matança maciça de embriões, D'us nos livre. (Weitman, 2001)

O posicionamento do cristianismo histórico, católico ou protestante, é bastante semelhante. Entre as objeções à clonagem humana ou de embriões estão as seguintes: a clonagem seria uma tentativa de ocupar o lugar divino; o surgimento de clones acarretaria sérios problemas psicológicos e sociais, como rivalidades entre gêmeos; a clonagem seria uma tentativa frustrada de evitar o destino natural, ou seja, a morte (Geisler, 2010). A busca humana pela criação e pela manipulação da vida seria o ápice do orgulho humano contra a soberania de Deus, por isso a clonagem é rejeitada no cristianismo.

O Vaticano se posiciona peremptoriamente contra a prática da clonagem. Na instrução *Dignitas Personae*, sobre algumas questões médicas, a clonagem humana é "ilícita [...] ao levar ao extremo a negatividade ética das técnicas de fecundação artificial, pretende dar origem a um novo ser humano sem relação com o ato de recíproca doação entre dois cônjuges e, mais radicalmente, sem nenhuma ligação com a sexualidade" (Santa Sé, 2008). O que está em foco aqui é o desenvolvimento natural do ser humano. Portanto, o cristianismo não se opõe aos progressos médicos-científicos, porém mantém-se atento diante de questões biomédicas que venham atentar contra a vida humana ou colocar-se no lugar de Deus.

6.3.2 Clonagem na perspectiva islâmica

No contexto da fé muçulmana, questões relacionadas à clonagem humana ou de células-tronco ainda é um assunto um tanto quanto incipiente. Lembramos que o islamismo é uma das três religiões monoteístas com raízes em Abraão, compartilhando, desse modo, muitos aspectos com o judaísmo e o cristianismo, principalmente nas questões éticas. Desse modo, o posicionamento geral na fé muçulmana entende que:

> todo e qualquer avanço científico que venha a beneficiar o homem, mas que a clonagem é totalmente contrária aos princípios islâmicos e à dignidade do indivíduo. Com relação à clonagem humana [...] a hereditariedade não é respeitada, pois o indivíduo clonado é desprovido de pai e mãe. O islamismo também condena a clonagem terapêutica [...]. Os seres humanos não são criados por partes e não podem ser alvo de experiências. (Kanashiro, 2001).

Nesse sentido, tanto a clonagem humana completa quanto a clonagem de células-tronco para fins terapêuticos e medicinais são condenadas. Entretanto, há autores que defendem que o islamismo permite pesquisas com embriões de até 40 dias, e que os embriões clonados não seriam vidas em potencial propriamente dito (Acero, 2011). Considerando-se que são várias as correntes no islamismo, sem uma autoridade única agindo como porta voz oficial em nome da tradição, fica difícil fazer afirmações dogmáticas sobre os posicionamentos oficiais da religião.

6.3.3 Clonagem nas perspectivas hinduísta e budista

Essas duas grandes religiões filosóficas orientais ainda não dispõem de material profundo sobre a questão da clonagem. Muitas das declarações não se baseiam em textos oficiais, e sim em opiniões de líderes de renome das duas correntes. Tanto o hinduísmo quanto o budismo são religiões que buscam preservar a vida, humana e animal, pois, no processo de reencarnação, a pessoa pode renascer como outra criatura, como a vaca ou outro ser vivo, conforme já destacamos anteriormente. Teoricamente, tudo isso pode levantar dificuldades em relação ao processo de clonagem humana. Como fica a questão da alma quando uma cópia idêntica a uma pessoa nasce em laboratório?

Essas questões inerentes às crenças do hinduísmo e do budismo podem ser difíceis para o observador externo, alheio àspráticas dessas religiões. Algumas declarações de líderes budistas são até surpreendentes. Segundo Brahmavamso (2013), budistas não têm nenhuma objeção em relação à clonagem, "Apenas serão criados mais corpos nos quais entrarão fluxos de consciência. Esses fluxos de consciência vêm de vidas passadas." Até que ponto esse entendimento é compartilhado por todos no budismo é algo difícil de afirmar. Mas com certeza esse é um pensamento bastante progressista em relação às outras religiões.

Em relação à clonagem terapêutica, os problemas são menores para as religiões orientais. Nesse sentido, o hinduísmo e o budismo não entendem que a biotecnologia medicinal esteja usurpando o papel de Deus, de modo que essa prática é moderadamente bem-vinda (Tierney, 2007). Essa perspectiva reflete o conceito teológico hinduísta-budista de que não há um único deus criador ou não há um deus pessoal e ao mesmo tempo há uma infinidade de deuses. De certo modo, essas duas religiões, ao mesmo tempo que mantêm pressupostos religiosos tradicionais, acabam também por se abrir para novas descobertas biotecnológicas.

Síntese

Neste capítulo, vimos que questões envolvendo as religiões e a biotecnologia acarretam dilemas éticos, mais especificamente no campo da bioética, que são desafiantes para líderes religiosos e profissionais de modo geral. Não só as crenças milenares têm lugar garantido na experiência humana, mas também os avanços no campo da medicina fazem parte da realidade. Por isso, às vezes os conflitos entre ambos são inevitáveis.

Dentre às várias questões biomédicas, escolhemos discutir temas como doação e transplante de órgãos, técnicas de inseminação artificial e clonagem humana. Dentro desses assuntos, há detalhes que, por questão de espaço, não pudemos incluir em nosso texto. Contudo, o que devemos ter em mente é que a religião não precisa necessariamente excluir as descobertas médicas atuais, e que o mundo da biomedicina não deve, também, relegar as tradições religiosas. Os dois lados podem conviver e dialogar para o bem maior: a preservação da vida humana.

Nesse contexto, analisamos inicialmente a doação e o transplante de órgãos, destacando que praticamente todas as religiões são favoráveis a essas práticas, desde que elas sejam feitas de modo ético e preservando a liberdade do indivíduo. Quanto à inseminação artificial, a grande maioria das crenças não se opõe a ela, sendo o catolicismo romano mais conservador sobre essa questão.

O tema mais controvertido é o da clonagem, que apresente duas vertentes: 1) a de animais é menos agressiva aos princípios religiosos, mas nem por isso deixa de ser um problema; 2) a humana é o núcleo da discussão e é rejeitada pela grande maioria das religiões, sendo o budismo, aparentemente, o mais aberto a essa questão. Especialmente nas religiões monoteístas – o judaísmo, o cristianismo e o islamismo –, nenhum tipo de clonagem encontra apoio.

Atividades de autoavaliação

1. O que são questões biomédicas?
   A) São questões que envolvem crenças essenciais em todas as religiões.
   B) São questões que envolvem aspectos emocionais.
   C) São questões indiferentes para todas as religiões.
   D) São questões que envolvem temas como clonagem, inseminação artificial e transplante de órgãos.
   E) São práticas proibidas por todas as religiões.
2. Por que a doação de órgãos é mais aceita no contexto do cristianismo?
   A) Porque representa o ideal do amor cristão.
   B) Porque é uma reinterpretação da Lei de Moisés.
   C) Porque os cristãos entendem que devem amar somente aqueles que seguem os ensinamentos de Cristo.
   D) Porque o cristianismo proíbe a doação de órgãos.
   E) Nenhuma das alternativas anteriores.
3. O islamismo permite a inseminação artificial sob quais condições?
   A) Ela é permitida sob qualquer condição.
   B) Ela não é permitida em hipótese alguma.
   C) Tanto a inseminação artificial como a fertilização *in vitro* são aceitas pelo islamismo, seguindo certos critérios.
   D) O Alcorão proíbe essas práticas em forma de lei doutrinal.
   E) Nenhuma das alternativas anteriores.
4. Qual foi primeiro ser vivo a ser clonado?
   A) Uma vaca.
   B) Uma ovelha.
   C) Um porco.
   D) Uma galinha.
   E) Um ser humano.

5. Quais são as três objeções do cristianismo em relação à clonagem humana?
   A) É proibido no Catecismo da Igreja Católica, nas bulas papais e, principalmente, na teologia moral cristã.
   B) É uma tentativa de ocupar o lugar divino; o surgimento de clones acarretaria sérios problemas psicológicos e sociais, como, por exemplo, rivalidades entre gêmeos; além disso, a clonagem seria uma tentativa frustrada de evitar o destino natural, ou seja, a morte.
   C) Jesus proibiu a clonagem nos evangelhos.
   D) O apóstolo Paulo não se mostrou favorável à clonagem.
   E) A clonagem é uma forma de afronta a Deus.

ATIVIDADES DE APRENDIZAGEM

Questões para reflexão

1. Leia o documento oficial do Vaticano, *Dignitas Personae*. Com quais dos temas abordados você concorda? E dos quais discorda?

   SANTA SÉ. **Dignitas Personae**. Roma, 8 set. 2008. Disponível em: <http://www.vatican.va/roman_curia/congregations/cfaith/documents/rc_con_cfaith_doc_20081208_dignitas-personae_po.html>. Acesso em: 20 fev. 2020.

2. Em sua opinião, como fica a questão do conceito da existência da alma em caso de clonagem? A alma também seria clonada?

3. O que você sabe sobre o tráfico de órgãos humanos? Como isso influencia positivamente ou negativamente a doação de órgãos?

Atividades aplicadas: prática

1. Diário de bordo

   Continue utilizando o arquivo de texto como diário de bordo para registrar as informações deste capítulo.

2. Escolha uma religião dentre aquelas que estudamos neste livro. Faça uma visita a algum templo ou igreja da religião escolhida e registre os dados que considerar importante. Havendo oportunidade, converse com o líder religioso sobre um dos temas abordados neste capítulo. Questões importantes para tomar nota: a liturgia e os ritos da celebração, os assuntos abordados em pregações, palestras ou discursos, o perfil social dos frequentadores (por exemplo, se são em sua maioria homens ou há a inclusão de mulheres e crianças). Busque vincular as observações feitas na visita com a leitura geral deste livro.

CONSIDERAÇÕES FINAIS

Chegamos ao final desta obra e não podemos deixar de enfatizar a importância da religião e da religiosidade na vida do indivíduo, seja no âmbito pessoal, seja no âmbito da coletividade. Lembramos que religião vem do termo latino *religare*, apontando para a ideia de "religar", "atar", "prender". O termo pressupõe o contato com Deus ou com alguma divindade dentro de determinada expressão de fé.

Enquanto o termo *religião* envolve mais aqueles aspectos externos de uma determinada crença, *religiosidade* abrange os aspectos internos, mais subjetivos. Praticamente todas as religiões externam elementos como cânticos, orações, ritos e liturgias. Há também aspectos envolvendo o misticismo e o contato com o mistério profundo.

Quando se trata de crenças religiosas, muitas pessoas relembram o ditado popular "política e religião não se discutem". Mas será que isso é de fato verdade? E supondo que seja verdade, não seria isso um exemplo de uma pequena ponta de intolerância religiosa em um estágio latente, evidenciando certo temor para com o diferente? Quando olhamos para a história das religiões identificamos focos de intolerância em quase todas as matrizes ou expressões de fé. Em alguns casos, esses atos de intolerância se tornaram exacerbados, deixando lamentáveis marcas de violência e até mesmo guerras. Só isso deveria servir de alerta para a importância da prática da tolerância.

Independentemente da religião professada, é importante que ela seja praticada com respeito e serenidade. Interagir com outras matrizes religiosas ajuda na prática da tolerância, visando a uma boa convivência entre pessoas de diferentes credos. Há pelo menos quatro razões importantes relacionadas ao conhecimento de expressões de fé diferentes:

1. Se formos mais sensíveis em relação ao que as outras pessoas acreditam, seremos mais eficazes.
2. Se aprendermos sobre outros sistemas de crenças, isso nos ajudará a apreciar melhor nossa própria fé.
3. Se aprendermos com as outras religiões, isso nos tornará mais compassivos em relação aos outros.
4. Se conhecermos em que as outras pessoas acreditam, isso nos mostrará que "Deus trabalha de mais maneiras, em mais terras e com mais pessoas do que muitos de nós imagináramos" (Jantz; Bickel, 2005, p. 319).

Entre os temas abordados neste livro, tratamos da liberdade de expressão e da liberdade religiosa. A conquista da humanidade em relação ao direito de culto, por exemplo, é uma das mais importantes marcas dos tempos modernos. Infelizmente, ainda há focos de intolerância e de perseguição em diversas partes do mundo. Esses casos lamentáveis, algumas vezes tomando contorno de opressão de grupos dominantes contra grupos minoritários, servem de alertas no sentido de que é preciso contestar e denunciar casos de discriminação e de perseguição. Lembre-se, é necessário combater as ideias equivocadas, e não as pessoas.

Retomando e relembrando o conteúdo deste livro, procuramos tratar das diversas matrizes religiosas em conexão com os grandes temas do mundo pós-moderno, de modo a responder à seguinte questão: Há espaço para a prática de religiões, ritos e crenças no século XXI?

Essa é uma pergunta importante, considerando que vivemos em um mundo plural no qual parece não haver mais espaço para a fé em alguma força superior. Em tempos de pós-verdade, conforme pensam alguns estudiosos, uma grande parte da população mundial continua buscando sentido para as grandes dúvidas da vida por meio de crenças e de práticas espirituais nas diferentes matrizes religiosas.

Apesar de todo o avanço tecnológico, a humanidade ainda lida com questões sobre a origem do Universo, o problema do mal e o difícil e angustiante desafio do sofrimento humano diante das grandes crises da vida. As dores e as aflições levam muitas pessoas ao desespero, a ponto de muitas atentarem contra a própria vida. Além disso, em situações de doenças em estado terminal, alguém pode desejar a própria morte. Há, ainda, situações envolvendo relacionamentos homoafetivos, intolerância religiosa, violência e guerra, preservação do meio ambiente e direitos da mulher.

O cidadão do século XXI lida com todas essas temáticas. E as religiões, o que têm a dizer sobre tudo isso? Nossa proposta foi responder algumas dessas questões sob a perspectiva das diversas matrizes religiosas.

REFERÊNCIAS

ACERO, L. **Pesquisas e terapias com células-tronco.** Rio de Janeiro: E-papers, 2011.

ACN BRASIL. **Mianmar**: relatório da liberdade religiosa. 2018. Disponível em: <https://www.acn.org.br/relatorio-liberdade-religiosa/mianmar>. Acesso em: 19 fev. 2020.

A CONFISSÃO de fé de Westminster (1643-46). In: SÍMBOLOS de fé da Igreja Presbiteriana do Brasil. São Paulo: Cultura Cristã, 2014.

AGÊNCIA EFE. Egito: Islã permite transplantes de órgãos. **Terra**, 7 abr. 2007. Disponível em: <http://noticias.terra.com.br/mundo/noticias/0,,OI1531795-EI308,00-Egito+isla+permite+transplantes+de+orgaos.html>. Acesso em: 20 fev. 2020.

AL BUKAI, S. M. Islamismo. **Centro de Reprodução Humana do IPGO**. Entrevista. Disponível em: <https://vidaconcebida.com.br/islamismo.html>. Acesso em: 20 fev. 2020.

_____. **Doação de órgãos na visão islâmica**. Instituto Central do Hospital das Clínicas da Faculdade de Medicina da Universidade de São Paulo, 2011. Palestra. Disponível em: <http://www.ligaislamica.org.br/biblioteca_palestra_sheikh_na_usp_doacao_de_orgaos.pdf>. Acesso em: 20 fev. 2020.

ALCORÃO. Português. Disponível em: <http://www.ligaislamica.org.br/alcorao_sagrado.pdf>. Acesso em: 18 fev. 2020.

AMARAL, R. A glória do povo. **História Viva**: grandes religiões – cultos afros, São Paulo, n. 6, p. 58-63, 1 ago. 2007. Edição especial.

AMARAL, R.; SILVA, V. G. Presença nas artes. **História Viva**: grandes religiões – cultos afros, São Paulo, n. 6, p. 70-75, 1 ago. 2007. Edição especial.

ARYA, D. Pressão social faz indianas se tornarem mães aos 70 anos. **BBC News**, 30 out. 2014. Disponível em: <https://www.bbc.com/portuguese/noticias/2014/10/141030_india_idosa_ivf_da_cc>. Acesso em: 20 fev. 2020.

AS TRÊS formas de unidade das igrejas reformadas: a Confissão Belga, o Catecismo de Heidelberg e os Cânones de Dort. Recife: Clire, 2009.

ASSUMÇÃO, J. Índia: a realidade é muito pior. **Extra Classe**, 16 mar. 2004. Disponível em: <https://www.extraclasse.org.br/movimento/2004/03/india-a-realidade-e-muito-pior>. Acesso em: 19 fev. 2020.

BARBIÉRI, F. L; OLIVEIRA, M. STF decide que sacrifício de animais em cultos religiosos é constitucional. **G1**, Rio de Janeiro, 28 mar. 2019. Disponível em: <https://g1.globo.com/politica/noticia/2019/03/28/stf-decide-que-e-constitucional-sacrificar-animais-em-cultos-religiosos.ghtml>. Acesso em: 18 fev. 2020.

BARBOSA, R. STF terá que decidir se sacrifício de animais para cultos religiosos é crueldade. **Gazeta do Povo**, Curitiba, 27 jul. 2017. Disponível em: <https://www.gazetadopovo.com.br/justica/stf-tera-que-decidir-se-sacrificio-de-animais-para-cultos-religiosos-e-crueldade-34r7ywc0p48lc1vz2os7z5lni>. Acesso em: 19 fev. 2020.

BBC. Jonestown, 40 anos: o que levou ao maior suicídio coletivo da história. **G1**, Rio de Janeiro, 19 nov. 2018. Disponível em: <https://g1.globo.com/mundo/noticia/2018/11/19/jonestown-40-anos-o-que-levou-ao-maior-suicidio-coletivo-da-historia.ghtml>. Acesso em: 18 fev. 2020.

BERKHOF, L. **Teologia sistemática**. São Paulo: Cultura Cristã, 2001.

BÍBLIA. Português. **A mensagem**: Bíblia em linguagem contemporânea (AM). São Paulo: Vida, 2011.

_____. Português. **Bíblia Ave Maria**: edição de estudos. Embu das Artes: Ave Maria, 2011.

_____. Português. **Bíblia de estudo NVI**. São Paulo: Vida, 2004.

_____. Português. **Bíblia Sagrada**: nova versão internacional (NVI). São Paulo: Vida, 2007.

BRAHMAVAMSO, A. Budismo e ciência. **Acesso ao Insight**. 2013. Disponível em: <http://www.acessoaoinsight.net/arquivo_textos_theravada/budismo_ciencia.php>. Acesso em: 20 fev. 2020.

BRASIL. Constituição (1988). **Diário Oficial da União**, Brasília, DF, 5 out. 1988. Disponível em: <http://www.planalto.gov.br/ccivil_03/Constituicao/Constituicao.htm>. Acesso em: 17 fev. 2020.

BROMILEY, G. W. A Trindade. In: EWELL, W. (Ed.). **Enciclopédia histórico-teológica da igreja cristã**. São Paulo: Vida Nova, 2009. p.576-577.

CAMBIAGHI, A. S. **Os tratamentos de fertilização e as religiões**: o permitido e o proibido. São Paulo: LaVida Press, 2010.

CARVALHO, L. B. **Minidicionário Larousse de língua portuguesa**. São Paulo: Larousse do Brasil, 2009.

CHAMPLIN, R. N. **Enciclopédia de Bíblia, teologia e filosofia**. 11. ed. São Paulo: Hagnos, 2013.

CLONAGEM e novas descobertas tecnológicas: qual é a posição do judaísmo com relação às novas descobertas tecnológicas, principalmente no campo da biologia, como no caso da clonagem? **Beit Chabad Central**. Perguntas e Respostas. Disponível em: <http://www.chabad.org.br/interativo/FAQ/clonagem.html>. Acesso em: 20 fev. 2020.

CONSERVADORES aprovam rabinos gays em Israel. **O Globo**, Rio de Janeiro, 20 abr. 2012. Disponível em: <https://oglobo.globo.com/mundo/conservadores-aprovam-rabinos-gays-em-israel-4702750>. Acesso em: 19 fev. 2020.

CORDEIRO, T. Os sacrifícios de animais nas religiões afro-brasileiras. **Superinteressante**, São Paulo, 23 abr. 2018.

CUNHA, A. Entenda a diferença entre ecumenismo e diálogo inter-religioso. **Canção Nova**, 23 jan. 2015. Entrevista. Disponível em: <https://noticias.cancaonova.com/brasil/entenda-a-diferenca-entre-ecumenismo-e-dialogo-inter-religioso>. Acesso em: 17 fev. 2020.

DINIZ, A. E. Um sim à doação de órgãos. **O tempo**, Contagem, 25 out. 2016. Disponível em: <https://www.otempo.com.br/interessa/um-sim-a-doacao-de-orgaos-1.1390274>. Acesso em: 20 fev. 2020.

DOAÇÃO de órgãos: Brasil salva número recorde de vidas. **Portal Hospitais Brasil**, 22 jun. 2018. Disponível em: <https://portalhospitaisbrasil.com.br/doacao-de-orgaos-brasil-salva-numero-recorde-de-vidas/>. Acesso em: 20 fev. 2020.

DOAÇÃO de órgãos é controversa no judaísmo, diz rabino. **Folha Online**, São Paulo, 14 jun. 2001. Disponível em: <https://www1.folha.uol.com.br/folha/ilustrada/ult90u14507.shtml>. Acesso em: 20 fev. 2020.

DONATO, J. Mundo do judaísmo e meio ambiente. **Gazeta Digital**, Cuiabá, 11 set. 2009. Disponível em: <http://www.gazetadigital.com.br/editorias/opiniao/mundo-do-judaismo-e-meio-ambiente/220657>. Acesso em: 19 fev. 2020.

EFRAIM, A. Todo homofóbico é um gay enrustido? **Estadão**, 19 jun. 2016. Disponível em: <https://emais.estadao.com.br/noticias/comportamento,todo-homofobico-e-um-gay-enrustido,10000057840>. Acesso em: 19 fev. 2020.

ELIADE, M.; COULIANO, L. P. **Dicionário das religiões**. São Paulo: M. Fontes, 1999.

ENDE, S. Inseminação artificial e fertilização in vitro: qual é a visão do judaísmo? **Chabad.org**. Disponível em: <https://pt.chabad.org/library/article_cdo/aid/2252680/jewish/Inseminao-Artificial-e-Fertilizao-In-Vitro.htm>. Acesso em: 20 fev. 2020.

ERICKSON, M. **Dicionário popular de teologia**. São Paulo: Mundo Cristão, 2011.

FERREIRA, A. B. de H. **Dicionário Aurélio de língua portuguesa**. 5. ed. Curitiba: Positivo, 2010.

FOSTER, L. Atos dos Apóstolos. In: BÍBLIA. Português. **Bíblia de estudo NVI**. São Paulo: Vida, 2004. p. 1852-1853.

FUNDAÇÃO PONTIFÍCIA ACN. **Liberdade religiosa no mundo**: relatório 2016 – sumário executivo. São Paulo: ACN Brasil, 2016. Disponível em: <https://www.acn.org.br/wp-content/uploads/attachments/SumarioExecutivo.pdf>. Acesso em: 19 fev. 2020.

GAARDER, J.; HELLERN, V.; NOTAKER, H. **O livro das religiões**. Tradução de Isa Mara Lando. São Paulo: Companhia de Bolso, 2005.

GEISLER, N. L. **Ética cristã**: opções e questões contemporâneas. São Paulo: Vida Nova, 2010.

GOLDSTEIN, Z. Doação de órgãos. **Chabad.org**. Disponível em: <https://pt.chabad.org/library/article_cdo/aid/3286716/jewish/Doao-de-rgos.htm>. Acesso em: 20 fev. 2020.

GOLDIM, J. R. **Bioética e espiritualidade**. Porto Alegre: Edipucrs, 2006.

GROUNDS, V. C. Suicídio. In: HENRY, C. F. **Dicionário de ética cristã**. São Paulo: Cultura Cristã, 2007. p.562-563.

GRUDEM, W. **Teologia sistemática**: exaustiva e atual. São Paulo: Vida Nova, 1999.

GUIMARÃES, D. T. **Dicionário de termos médicos e de enfermagem**. São Paulo: Rideel, 2002.

HETEROSSEXUALIDADE sem homofobia e homossexualidade sem heterofobia. **Ultimato**, Viçosa, n. 325, jul./ago. 2010.

HIGGINS, W. A ética sexual budista. Tradução de Marcos A. Piani. **Olhar Budista**, 9 fev. 2018. Disponível em: <https://olharbudista.com/2018/02/09/budismo-e-sexo>. Acesso em: 19 fev. 2020.

HINNELLS, J. R. **Dicionário das religiões**. São Paulo: Cultrix, 1995.

HOEKEMA, A. **Criados à imagem de Deus**. São Paulo: Cultura Cristã, 2010.

HORN III, C. Aborto. In: EWELL, W. (Ed.). **Enciclopédia histórico-teológica da igreja cristã**. São Paulo: Vida Nova, 2009. p. 6-8.

IG SÃO PAULO. Suprema Corte derruba lei colonial que criminalizava homossexualidade na Índia. **Último segundo**, São Paulo, 6 set. 2018. Disponível em: <https://ultimosegundo.ig.com.br/mundo/2018-09-06/descriminalizacao-da-homossexualidade-india.html>. Acesso em: 19 fev. 2020.

IPIB – Igreja Presbiteriana Independente do Brasil. **Manual do culto**. Igreja Presbiteriana Independente do Brasil. São Paulo: Pendão Real, 2011.

ISBELLE, S. O Islam e o meio ambiente. **Jornal Extra**, Rio de Janeiro, 29 maio 2012. Disponível em: <https://extra.globo.com/noticias/religiao-e-fe/sami-isbelle/o-islam-o-meio-ambiente-5059730.html>. Acesso em: 19 fev. 2020.

ISLAM SUL BR. **A eutanásia**. 9 jan. 2015. Disponível em: <http://islamsul.com.br/categories-1-layout/item/278-reflexoes-islamismo>. Acesso em: 18 fev. 2020.

JAGURABA, M. Papa: doação de órgãos, gesto de fraternidade e solidariedade humana. **Vatican News**, Vaticano, 13 abr. 2019. Disponível em: <https://www.vaticannews.va/pt/papa/news/2019-04/papa-francisco-aido-doacao-orgaos-vida-fraternidade.html>. Acesso em: 20 fev. 2020.

JANTZ, S.; BICKEL, B. **Guia de seitas e religiões**: uma visão panorâmica. Tradução de Lena Aranha. Rio de Janeiro: Cpad, 2005.

JOHNSON, A. G. **Dicionário de sociologia**: guia prático de linguagem sociológica. Rio de Janeiro: J. Zahar, 1997.

KANASHIRO, M. A clonagem sob o olhar da religião. Clonagem: a dessacralização da vida. **Dossiê Comciência**, n. 27, dez. 2001. Disponível em: <http://www.comciencia.br/dossies-1-72/reportagens/clonagem/clone15.htm>. Acesso em: 20 fev. 2020.

KLEIN, E. O papel feminino nas religiões. **Dom Total**, Cuiabá, 16 ago. 2013. Disponível em: <http://domtotal.com/noticias/detalhes.php?notId=654270>. Acesso em: 19 fev. 2020.

KUO, D. D. M. **Liberdade religiosa**: conceitos. São Paulo: OAB, 2011.

LIY, M. V. O último Dalai Lama? **El País**, 28 set. 2014. Disponível em: <https://brasil.elpais.com/brasil/2014/09/26/internacional/1411731026_814335.html>. Acesso em: 29 fev. 2020.

MATHER, G. A.; NICHOLS, L. **Dicionário de religiões, crenças e ocultismo**. São Paulo: Vida, 2000.

MOLICA, F.; BUSTAMANTE, L. A tragédia do suicídio entre jovens: taxas nunca foram tão altas. **Veja**, São Paulo, n. 2587, 16 jun. 2018. Disponível em: <https://veja.abril.com.br/saude/a-tragedia-do-suicidio-entre-jovens-taxas-nunca-foram-tao-altas>. Acesso em: 18 fev. 2020.

MOYSÉS, A. Orlando: religioso muçulmano gay diz que Islã não condena homossexualidade. **RFI Brasil**, 14 jun. 2016. Disponível em: <http://br.rfi.fr/franca/20160614-orlando-religioso-muculmano-gay-diz-que-isla-nao-condena-homossexualidade>. Acesso em: 19 fev. 2020.

NEUMAM, C. Como funciona a eutanásia no Brasil? **UOL**, 6 out. 2016. Disponível em: <https://noticias.uol.com.br/saude/ultimas-noticias/redacao/2016/10/06/por-que-o-brasil-nao-aprova-a-eutanasia-religiao-e-politica-nao-se-acertam.htm>. Acesso em: 18 fev. 2020.

NICHOLI II, A. M. Homossexualismo e homossexualidade. In: HENRY, C. F. **Dicionário de ética cristã**. São Paulo: Cultura Cristã, 2007. p. 331-333.

NUNES, R. Fiéis louvam Iemanjá na prainha do porto de Corumbá e pedem bênçãos para o novo ano. **Diário Corumbaense**, Corumbá, 31 dez. 2017. Disponível em: <https://diarionline.com.br/?s=noticia&id=99325>. Acesso em: 19 fev. 2020.

ONU – Organização das Nações Unidas. **Declaração sobre a eliminação de todas as formas de intolerância e discriminação fundadas na religião ou nas convicções**. Resolução 36/55, de 25 de novembro de 1981. Nova York: ONU, 1981. Disponível em: <https://www2.camara.leg.br/atividade-legislativa/comissoes/comissoes-permanentes/cdhm/comite-brasileiro-de-direitos-humanos-e-politica-externa/DecElimFormIntDisc.html>. Acesso em: 17 fev. 2020.

_____. **Declaração Universal dos Direitos Humanos**. 1948. Disponível em: <https://nacoesunidas.org/wp-content/uploads/2018/10/DUDH.pdf>. Acesso em: 17 fev. 2020.

PAULO VI, Papa. **Dignitatis Humanae**. Roma, 7 dez. 1965. Disponível em: <http://www.vatican.va/archive/hist_councils/ii_vatican_council/documents/vat-ii_decl_19651207_dignitatis-humanae_po.html>. Acesso em: 19 fev. 2020.

PEREIRA, G. Reflexões sobre budismo e homossexualidade. **Dom Total**, Belo Horizonte, 16 jun. 2017. Disponível em: <http://domtotal.com/noticia/1157815/2017/07/reflexoes-sobre-budismo-e-homossexualidade/?5c66bc98e24c5>. Acesso em: 19 fev. 2020.

PESSINI, L. A eutanásia na visão das grandes religiões mundiais. **Mundo Saúde**, v. 7, n. 1, 1999.

PESTANA, J. M. Doação de órgãos como obra de misericórdia. **Estadão**, São Paulo, 9 fev. 2017. Disponível em: <https://opiniao.estadao.com.br/noticias/geral,doacao-de-orgaos-como-obra-de-misericordia,70001658552>. Acesso em: 20 fev. 2020.

PETERSON, E. **A mensagem**: Bíblia em linguagem contemporânea. São Paulo: Vida, 2011.

PIERUCCI, A. F. As religiões no Brasil. In: GAARDER, J.; HELLERN, V.; NOTAKER, H. **O livro das religiões**. Tradução de Isa Mara Lando. São Paulo: Companhia de Bolso, 2005. p. 300-323.

POPULAÇÃO hindu da Índia cai abaixo de 80% com aumento da proporção de muçulmanos. **Reuters**, São Paulo, 26 ago. 2015. Disponível em: <https://br.reuters.com/article/worldNews/idBRKCN0QV1CY20150826>. Acesso em: 19 fev. 2020.

RAGIP, H. S. M. O Islam e as ciências médicas. **Mundo da Saúde**, São Paulo, nov./dez. 2000. Disponível em: <http://www.masnavi.org/jerrahi/Artigos___Palestras/O_Islam_e_as_Ciencias_Medicas/o_islam_e_as_ciencias_medicas.html>. Acesso em: 20 fev. 2020.

RAZÃO. In: KAUFFMANN, C.; ASTIZ, A. **Nova enciclopédia ilustrada Folha**. São Paulo: Folha da Manhã, 1996. p. 820-821.

REEBER, M. **Religiões**: mais de 400 termos, conceitos e ideias. Rio de Janeiro: Ediouro, 2002.

REYNOLDS, S. M. Eutanásia. In: HENRY, C. F. **Dicionário de ética cristã**. São Paulo: Cultura Cristã, 2007. p. 286-287.

RIBEIRO, M. C. Como as religiões veem o meio ambiente. **Página 22**, São Paulo, 6 jul. 2015. Disponível em: <http://pagina22.com.br/2015/07/06/como-as-religioes-veem-o-meio-ambiente>. Acesso em: 19 fev. 2020.

RODNEY, P. Praia Grande festeja a rainha do mar. **Carta Capital**, 9 dez. 2018. Disponível em: <https://www.cartacapital.com.br/blogs/dialogos-da-fe/praia-grande-festeja-a-rainha-do-mar>. Acesso em: 19 fev. 2020.

RONNEY, A. **A história da Filosofia**. São Paulo: M. Books, 2015.

SANTA SÉ. **Catecismo da Igreja Católica**: terceira parte – a vida em Cristo. Roma, 11 out. 1992. Disponível em: <http://www.vatican.va/archive/cathechism_po/index_new/p3s2cap2_2196-2557_po.html>. Acesso em: 18 fev. 2020.

SANTA SÉ. Congregação para a Doutrina da Fé. **Dignitas Personae**. Roma, 8 set. 2008. Disponível em: <http://www.vatican.va/roman_curia/congregations/cfaith/documents/rc_con_cfaith_doc_20081208_dignitas-personae_po.html>. Acesso em: 20 fev. 2020.

SANTIDRIÁN, P. R. **Dicionário básico das religiões**. Aparecida: Santuário, 1996.

SAYÃO, L. **Bíblia de estudo esperança**: 365 respostas sobre a vida e a morte desenvolvidas por Luiz Sayão. São Paulo: Vida Nova, 2011.

SHARLEMANN, M. H. Aborto. In: HENRY, C. F. **Dicionário de ética cristã**. São Paulo: Cultura Cristã, 2007. p. 22-23.

SHELLEY, B. **História do cristianismo ao alcance de todos**. São Paulo: Shedd Publicações, 2004.

SPROUL, R. C. **Boa pergunta**: mais de 300 perguntas sobre fé e vida respondidas com honestidade e clareza. São Paulo: Cultura Cristã, 1999.

TERROR para a comunidade LGBT: 9 países onde ser gay é crime. **BOL**, São Paulo, 6 set. 2018. Disponível em: <https://www.bol.uol.com.br/listas/terror-para-a-comunidade-lgbt-9-paises-onde-ser-gay-e-crime.htm?cmpid=copiaecola>. Acesso em: 20 fev. 2020.

TIERNEY, J. Os cientistas estão tentando fazer o papel de Deus? Depende da sua religião. **UOL**, 22 nov. 2007. Disponível em: <https://noticias.uol.com.br/midiaglobal/nytimes/2007/11/22/ult574u8005.jhtm>. Acesso em: 20 fev. 2020.

TOON, P. Advento. In: ELWELL, W. (Org.). **Enciclopédia histórico-teológica da igreja cristã**: em 1 volume. São Paulo: Vida Nova, 2009. p. 27-28.

TOROPOV, B.; BUCKLES, L. **O guia completo das religiões do mundo**. São Paulo: Madras, 2017.

TRIUNFOL, M. L. **Os clones**. São Paulo: Publifolha, 2003.

VANDENBOS, G. R. **Dicionário de psicologia da APA**. Porto Alegre: Artmed, 2010.

VINE, W. E.; UNGER, M. F.; WHITE JR., W. **Dicionário Vine**: o significado exegético e expositivo das palavras do Antigo e do Novo Testamento. Tradução de Luís Aron de Macedo. Rio de Janeiro: Cpad, 2002.

WEBER, T. P. Ecumenismo. In: ELWELL, W. (Org.). **Enciclopédia histórico-teológica da igreja cristã**. São Paulo: Vida Nova, 2009. v. 1. p. 2-5.

WEITMAN, D. Clonagem humana. **Morashá**, n. 33, jun. 2001. Disponível em: <https://www.coisasjudaicas.com/2014/02/clonagem-humana.html>. Acesso em: 20 fev. 2020.

WERNER, C. **O livro das religiões**. São Paulo: Globo Livros, 2016.

WOOD, J. Tolerância. In: ELWELL, W. (Org.). **Enciclopédia histórico-teológica da igreja cristã**: em 1 volume. São Paulo: Vida Nova, 2009. p. 538-540.

YOUNGBLOOD, R. **Dicionário ilustrado da Bíblia**. São Paulo: Vida Nova, 2004.

BIBLIOGRAFIA COMENTADA

HENRY, C. F. **Dicionário de ética cristã**. São Paulo: Cultura Cristã, 2007.
Para aqueles que desejam aprofundar o conhecimento sobre as questões éticas sob a perspectiva judaico-cristã, entre elas o aborto, a eutanásia, o casamento, o divórcio, a homossexualidade, o suicídio, a eutanásia e outras, indicamos essa obra. Embora os autores dos verbetes dialoguem com os temas em questão mais localizados no contexto do cristianismo, o material é importante na temática da ética e moral de modo geral.

FUNDAÇÃO PONTIFÍCIA ACN. **Liberdade religiosa no mundo**: relatório 2016 – sumário executivo. São Paulo: ACN Brasil, 2016. Disponível em: <https://www.acn.org.br/wp-content/uploads/attachments/SumarioExecutivo.pdf>. Acesso em 19 fev. 2020.
Nem sempre os meios de comunicação divulgam com detalhes questões envolvendo perseguições religiosas em diversas partes do mundo. A Fundação Pontifícia ACN (Ajuda à Igreja que Sofre), elabora a cada dois anos um guia que denuncia casos de violência por questões de fé e de prática religiosa no mundo.

REEBER, M. **Religiões**: mais de 400 termos, conceitos e ideias. Rio de Janeiro: Ediouro, 2002.
Essa obra faz um apanhado geral de todas as grandes religiões do mundo, enfatizando as características práticas de cada uma. Trata-se de um excelente material introdutório, resumindo praticamente os principais temas da religiosidade humana em aspectos internos e externos. Esse livro é bastante didático, profundo em análise e com linguagem simples.

SANTIDRIÁN, P. R. **Dicionário básico das religiões.** Aparecida: Santuário, 1996.

Para entender os conceitos fundamentais das religiões e as expressões da religiosidade humana, sugerimos a leitura da obra de Pedro Santidrián. O autor apresenta um excelente conjunto de verbetes essenciais sobre os termos religiosos mais conhecidos. Em linguagem simples e profunda, o Santidrián dialoga com as grandes crenças contemporâneas. Livro essencial para todo estudante das ciências da religião.

TOROPOV, B.; BUCKLES, L. **O guia completo das religiões do mundo.** São Paulo: Madras, 2017.

Neste livro, são apresentados os principais grupos religiosos. Os autores mergulham na história, nas crenças e nos costumes de cada crença. A obra apresenta um capítulo específico abordando as grandes festas e as celebrações de cada grupo. Um ponto forte é a parte sobre grandes questões como guerra, violência, casamento, aborto, homossexualidade, avanços médicos e outras. Os autores apresentam ainda uma excelente indicação bibliográfica em cada capítulo do livro.

RESPOSTAS

Capítulo 1
ATIVIDADES DE
AUTOAVALIAÇÃO
1. b
2. d
3. a
4. b
5. b

Capítulo 2
ATIVIDADES DE
AUTOAVALIAÇÃO
1. b
2. b
3. a
4. a
5. d

Capítulo 3
ATIVIDADES DE
AUTOAVALIAÇÃO
1. d
2. e
3. b
4. b
5. c

Capítulo 4
ATIVIDADES DE
AUTOAVALIAÇÃO
1. b
2. a
3. b
4. d
5. b

Capítulo 5
Atividades de autoavaliação
1. c
2. b
3. a
4. b
5. c

Capítulo 6
Atividades de autoavaliação
6. d
7. a
8. c
9. b
10. b

SOBRE O AUTOR

Luciano Azambuja Betim é bacharel em teologia pela Faculdade Evangélica do Paraná (Fepar); pós-graduado em Teologia do Novo Testamento pelas Faculdades Batista do Paraná (Fabapar) e em Estudos Teológicos pelo Centro Presbiteriano de Pós-Graduação Andrew Jumper; e mestre em Teologia pela Pontifícia Universidade Católica do Paraná (PUCPR). Atua como professor na Faculdade Teológica Sul Brasileira Fatesb) e como editor da Revista Teológica da Faculdade Presbiteriana (Fatesul), em Curitiba (Paraná). É também ministro (presbítero) ordenado da Palavra e dos Sacramentos na Igreja Presbiteriana do Brasil (IPB).

Os papéis utilizados neste livro, certificados por instituições ambientais competentes, são recicláveis, provenientes de fontes renováveis e, portanto, um meio responsável e natural de informação e conhecimento.

FSC
www.fsc.org
MISTO
Papel produzido a partir de fontes responsáveis
FSC® C103535

Impressão: Reproset
Janeiro/2023